El Viento se llevó las cenizas

Mito Bessalel

El viento se llevó las cenizas

Y la vida siguió su curso

Foto anónima

Derechos de Autor

Índice

El viento se llevó las cenizas

Capítulo 1 - La triste sorpresa

Solo las peores tristezas son las que te enseñan lo que es la verdadera felicidad. Frase anónima

"Si no vas al salón esta noche no te vamos a dar de comer, y vas estar encerrada en esta pieza hasta que decidas ir a entretener a nuestros clientes. Nosotros pagamos mucho dinero por vos y de una manera o de otra lo vamos a recuperar. Aquí tienes el vestido que tienes que usar cuando decidas ir a trabajar; por tu bien espero que sea esta noche" Isabel le dijo a Verna.

Isabel, era una mujer rubia de estatura mediana con algunos kilos demás, llevaba puesta una blusa de color anaranjado y una falda negra. Su cara estaba arrugada, posiblemente debido a muchos años de sufrimiento. Su voz era desagradable y dura; parecía estar cansada.

La habitación donde estaba Verna, era deprimente, las paredes estaban pintadas de color amarillo, tenían muchas marcas de mosquitos que habían sido aplastados durante las noches de verano. El piso era de madera rustica y algunos listones no estaban clavados, la cama era pequeña y estaba cubierta con una cobija desteñida.

Pasaron dos días desde que Verna había llegado a la casa de placer. A pesar de la presión que había sido sometida, no bajó para ir al salón para entregarse al primer hombre que la eligiera para tener un momento de placer con ella. No había comido durante todo el tiempo que la tuvieron encerrada. Sentía que estaba débil. No podía comprender porque estaba en esa habitación miserable y no sabía dónde estaba su marido y porque él la había dejado abandonada, fue un canalla. Quería comunicarse con sus padres, pero no sabía cómo hacerlo, se sentía que estaba en una encrucijada sin salida.

Isabel entró en la habitación, le dio lastima de ver que Verna estaba acostada en la cama, la vio pálida y deprimida. Se compadeció de verla en ese estado. Hablando búlgaro y con un tono de voz suave, le dijo,

"Mira tu marido te vendió. El dueño de este lugar pagó mucho dinero para que tu marido te traiga de Bulgaria, y, además, le dimos dinero para que te deje aquí con nosotros. No sabemos dónde se fue.

Verna se sorprendió cuando Isabel le habló en su idioma nativa, especialmente porque su acento era perfecto, comprendió que Isabel era de nacionalidad búlgara, como ella. La miró aterrorizada, no podía creer que su propio marido la haya traicionado. Lo único que pudo decir con lágrimas corriendo en sus mejillas fue,

> "No puedo creer lo que usted me está diciendo, nos casamos en Bulgaria. El no puede haberme abandonado, tengo que verlo, no puedo estar aquí, no soy una prostituta."

Se arrodilló e intentó tomar las manos de Isabel y le dijo,

> "Señora por favor ayúdeme."

Isabel sintió lastima, pero no podía hacer nada, solamente podía aconsejarla para que siguiera las ordenes de los dueños del prostíbulo. Con mucha pena le dijo,

> "Verna, no tienes otra alternativa, porque si no bajas a entretener a los clientes que vienen aquí, te van a vender como esclava para que trabajes en los cultivos, además, ellos pueden hacer lo que quieran de ti, tendrás una vida terrible."

Verna, estaba histérica, su cuerpo temblaba, entre llantos y, tartamudeando le dijo,

"Nunca voy a ir a trabajar como prostituta, prefiero ser esclava y trabajar en el campo arando la tierra."

Continuaba llorando, sus ojos estaban irritados, Isabel tomó sus manos, y le dijo,

"Comprendo tu desesperación, pero tienes que entender que aquí te van a tratar bien, porque quieren que estés atractiva y saludable para que puedas atraer y complacer a nuestros clientes, porque ellos pagan mucho dinero cuando vienen a esta casa. Si elijes no ir al salón was a tener que ir a trabajar la tierra, tus preciosas manos se arruinaran y tu cutis se llenará de arrugas porque vas a estar expuesta todos los días a los rayos solares y por las noches tendrás dificultades para dormir porque vas a sentir dolores en todo tu cuerpo. Además, los dueños o los trabajadores podrían abusarse de ti."

Isabel la abrazó, su rostro se puso triste, pareciera como si ella estuviera recordando momentos de su propia desgracia, le dijo,

"Verna, hace muchos años pase por la misma situación que ahora estas pasando, también era tan bella como lo eres tú. Mi nombre era Pavla. Bandidos mataron al hombre del cual estaba enamorada y lo dejaron abandonado al hombre que amaba.

Los asesinos me llevaron a un mercado de esclavas, allí me vendieron, perdí mi identidad; era esclava. El hombre que me compró me trajo a este lugar."

Verna comprendió el dolor que Isabel sentía, le preguntó,

"¿Y su familia, nunca supo nada de ella?

"Tengo un hijo que no he visto por más de 25 años porque el dia que me raptaron estaba viviendo con gitanos y ellos cuidaban de él. Nunca supe nada de mi hijo, fue un error que cometí; tenia que haberme ido con mi madre el día que ella vino a buscarme en el campamento de los gitanos, y ahora estoy viviendo en este lugar una vida miserable."

Las dos mujeres permanecieron abrazadas hasta que Isabel se levantó y se fue caminando hacia la puerta y antes de salir del cuarto, le dijo,

"Verna creo que lo mejor para ti, es que esta noche vayas al salón, si no vas a tener muchas dificultades, se porque te lo digo."

Verna no prestó atención a lo que Isabel le dijo, se sentía deprimida de solo mirar alrededor de la habitación, las paredes estaban pintadas de un color depresivo, con marcas de humedad, su cama no tenía

sabanas, solamente tenía una cobija sucia.
Pero a pesar de lo desagradable que era la
cama y el dormitorio, se recostó, cerró los ojos,
trató de dormir, pero imagines de su pasado
aparecieron en su mente que la mantenían
despierta. En un momento pensó en su
conversación con Clara, cuando le dijo que
Martin estaba en Argentina, en busca de su
madre, y ahora la llamaban Isabel. Se
preguntó,

"¿Isabel es búlgara, podría ser la madre de
Martin?"

No sabía que pensar, quería olvidarse de los
detalles de su viaje a Argentina, todo pasó
muy rápido, estaba ilusionada, porque se iba a
reunir con su marido. Todo fue como una
aventura; recién se había casado y su marido,
David, había viajado antes que ella para
buscar fortuna en Buenos Aires. Recordó
momentos de su pasado,

*"Un día, después de varios meses de
ausencia, recibió una carta de David, la
leyó con impaciencia, cuando terminó de
leerla, se sintió feliz, corrió a la cocina
buscando a su madre, cuando la encontró
le dijo.*

- *Mamá, David me escribió desde
Argentina, quiere que vaya a vivir con
él; ahora está en Buenos Aires.*

Verna se acordó lo que su madre le dijo ese día,

> *"Hija no vayas a Argentina, presiento que algo malo te va a pasar."*

"Verna recordó que no quería escuchar a su madre, porque creyó que todo lo que David le había escrito, sobre todo lo que él había avanzado económicamente en Argentina. También se había entusiasmado con las descripciones de ir Rosario y de las oportunidades de un futuro prominente. No tenía ninguna duda cuando le dijo",

> - *Mamá, estoy decidida, voy a ir a vivir donde está mi marido; mi futuro es estar con él, donde sea que él esté. Es mi vida y nadie me lo puede prohibir.*

Verna no quería seguir escuchando lo que su madre le estaba diciendo,"

> *"Verna tengo el presentimiento que no todo va a ser como David te escribió. Temo que algo malo te va a pasar y vas a estar sola en un lugar donde no conoces a nadie, además no hablas el idioma."*

No pudo contener las lágrimas, todo había pasado muy rápido desde que llegó a Argentina. David la estaba esperando la cuando salió del aeropuerto. Cuando la vio salir, el la estaba esperando, rápidamente caminó hacia y cuando se encontraron se abrazaron, El le dijo,

> *"Mi amor, te he extrañado mucho. Estoy feliz de que ahora estás conmigo después de todos estos meses de soledad; me sentí solo. Ahora que estas aquí contigo; volveremos a ser felices como lo fuimos cuando estábamos en nuestro país."*

Recordó cuan dulce fue David cuando viajaron desde Buenos Aires a Rosario. Durante el viaje se abrazaron. Verna tomó sus manos entre las suyas, mientras le decía,

> *"Si mi amor, aquí vamos a ser felices."*

Por un momento y a pesar de que estaba triste y sentía rencor, sonrió cuando recordó ese momento y le dijo

> *"Mi amor, te extrañé mucho, cada momento que pasaba pensé en ti, pero ahora estas aquí, soy muy feliz. Mi amor, nuestra casa la están decorando, esta noche vamos a ir a un hotel.*

Verna solamente tenía en su mente la visión de cuando llegaron al umbral de la puerta del dormitorio. David la tomó en sus brazos, la llevó a la cama y allí se amaron intensamente.

El viento se llevó las cenizas

Se quedó profundamente dormida en los brazos de su marido, estaba cansada. El viaje desde Vidin fue largo y tedio, además, durante el viaje estuvo enferma.

Al día siguiente cuando se desperto, aunque estaba soñolienta, extendió su mano para acariciar a David, pero no él no estaba en la cama, se dió media vuelta y volvió a quedarse dormida. Pasaron varias horas antes que se despertara, Cuando se despertó se dio cuenta que Davis no estaba en la cama con ella, tampoco estaba en la habitación, pensó que él había salido silenciosamente para no despertarla, estaba segura que volvería pronto.

Capítulo 2 – David la abandonó

Se necesita tristeza para conocer la felicidad, ruido para apreciar el silencio y ausencia para valorar la presencia.
Frase anónima

Pasaron varias horas y David no volvió, Verna comenzó a preocuparse, se sintió sola; decidió ir a buscarlo. Se vistió rápidamente, arregló su maquillaje, se peinó dejando su cabello rubio caer sobre sus hombros. Salió de la habitación caminando lentamente hacia la sala de recepción.

Verna era alta y elegante, tenía un vestido de seda de color celeste con flores de colores blancos y amarillos. Su manera de caminar y su figura esbelta atraían sexualmente la atención de los hombres que estaban en la recepción.

El recepcionista, cuando la vio acercarse le preguntó,

"¿Señora en que puedo servirla?"

"Señor quiero saber si mi esposo dejó algún recado."

"¿En qué habitación está usted?"

"Estoy en la habitación 202, mi esposo se llama David Simantoff. No sé qué puede haberle pasado, pero no lo he visto en toda la mañana, estoy preocupada."

"Señora, no conozco a su marido, nadie ha dejado un mensaje para usted. Mi patrón quiere verla. Voy a preguntarle si el Señor Santiago está disponible. Por favor, Señora siéntese en uno de los sofás, vuelvo en unos minutos."

Verna se sorprendió, no tenía ninguna idea porque el dueño del hotel quería hablar con ella, pensó que era extraño porque no conocía a nadie.

Después de unos minutos, un hombre alto, elegantemente vestido se acercó donde Verna estaba sentada; con una sonrisa amable le dijo,

"Señora Simantova, soy el gerente del hotel, por favor sígame; necesito hablar con usted."

A Verna le extrañó que ese desconocido quisiera habla con ella. No podía imaginarse porque él quería hablar con ella, a menos que sea algo relacionado con su esposo.

El viento se llevó las cenizas

Posiblemente el sabría donde estaba David. No se le ocurrió pensar que algo malo le pidiera ocurrir. Lo siguió hasta que entraron en una oficina. El señor Santiago le ofreció que se sentara frente a su escritorio, y le dijo,

"Señora soy el gerente del hotel, me llamó Santiago Pérez; soy amigo de su esposo. Él me dijo que tenía que hacer una diligencia y me pidió que la lleve al lugar donde él está. Además, me dijo que lleve si equipaje porque de allí se van a ir directamente a su casa."

El señor López fue cortés con ella porque no quería que Verna hiciera un escándalo, si él le hubiera dicho que David la había vendido como esclava para ser cortesana en un prostíbulo.

Verna se quedó pensando porque Davis no le había dicho que él iba que iba a hacer una diligencia, inclusive no se despidió de ella cuando se fue. Tuvo dudas, pero el Señor Pérez fue muy amable y no dudó que la iba a llevar al lugar donde estaba su esposo. El gerente, le dijo,

"Señora dentro de una hora, uno de los porteros la va a ir a buscar a su cuarto y la va llevar donde está su marido. El joven se llama Raúl. Por favor lleve el equipaje con usted."

Verna se sintió aliviada, se levantó y le dijo,

"Muchas gracias Señor Pérez. Ahora mismo voy a mi habitación para hacer mis valijas."

Verna pensó que el Señor Pérez había sido muy amable con ella, no obstante, pensó que todo lo que estaba sucediendo era muy extraño, no comprendía porque David no le había dicho nada. Sintió escalofríos porque por un instante pensó que su esposo la había abandonado. Siguió caminando, no sabía que pensar, no tenía a nadie con quien hablar. Además, sabía que no podía quedarse en ese hotel porque no tenía dinero. Pensó que podía vender algunas de las joyas que había traído. Pero inmediatamente reacción y se dijo asimisma,

"*El nunca me abandonaría en un lugar desconocido como este.*"

Cuando entró en la habitación vio a la mucama que estaba sacando ropa de la valija. Le preguntó,

"¿Señorita qué está haciendo con mi ropa?"

"Nada Señora, solamente estaba viendo la ropa muy linda que usted tiene."

Verna apresuradamente sacó toda la ropa de la valija, buscó las joyas; habían desaparecido. La mucama juró que ella no las había tocado. Solamente David sabía que ella había traído joyas. Cuando la mucama salió de la habitación se aseguró que ella no llevaba ninguna de sus pertenencias. Pensó,

> *"David se tiene que haber llevado las joyas, la mucama, no pudo haberlas sacado porque estaban en una caja y tendría que haber vaciado la valija para encontrarlas, estaba segura que no habría tenido tiempo para esconder las joyas."*

Cerró la valija, la puso en un rincón, buscó las joyas en todos los lugares de la habitación; no las encontró, Estaba convencida que David se las había llevado; posiblemente él debe haber pensado que con él estaban más seguras. Se extrañó porque no había visto ninguna ropa de él, pero no le dio importancia porque posiblemente el habría pensado que no se quedarían más de una noche en el hotel.

Verna estaba pensado cual sería la razón por la que David no le había dicho que iba a estar ocupado durante la mañana. Se sentía un poco incómoda con la situación que ella se encontraba en ese momento.

Se distrajo cuando escuchó que alguien estaba golpeado la puerta; era Raúl que venía a buscarla. Verna lo dejó entrar.

Cuando salieron de la habitación, ya había comenzado a anochecer. Verna y Raúl caminaron hacía la sala de recepción, cuando llegaron el joven le dijo,

> "Señora por favor espéreme aquí, voy a traer el coche. No se preocupe por su equipaje; lo voy poner en el baúl; vuelvo enseguida."

La sala de estar del hotel estaba decorada con varios sofás de cuero. Las paredes estaban pintadas de color blanco y estaban adornadas con cuadros con escenas de algunos de los paisajes bellos de Argentina, le llamó la atención un cuadro de las cataratas de Iguazú. Las ventanas estaban decoradas con cortinas de algodón blanco. Tenía alfombras muy exóticas posiblemente habían sido traídas de Persia. Se quedó parada frente al cuadro de la caída de agua. El portero se acercó y le dijo,

> "Señora esas son las Cataratas de Iguazú, están en el norte del país. Tiene que ir a

visitarla, es un lugar espectacular, y sobre todo muy romántico."

Raúl tomó la mano de Verna y la ayudó a entrar en el vehículo, Cuando el coche comenzó a rodar, le dijo,

"Señora usted va a tener muchos admiradores porque es muy bonita, por aquí no se ven mucha mujer con cabello rubio."

Verna se sintió incomoda, pero no dijo nada; pensó que ese joven había sido muy atrevido. Raúl siguió conduciendo. Se preocupó cuando vio que el coche había salido de la carretera para entrar en una pista de tierra. No vio ninguna casa alrededor, solamente se veían campos con cultivos de trigo. El coche tuvo que disminuir la velocidad muchas veces porque había huellas profundas debido a las lluvias torrenciales de los últimos días.

Finalmente llegaron a una casa grande. Había muchos coches estacionado en el frente. Se escuchaba las notas de un tango y los ladridos de perros que anunciaban la llegada de un coche. Raúl le preguntó,

"¿Señora sabe bailar el tango, estoy seguro que muchos hombres van a querer bailar con usted?"

Nuevamente Raúl hizo comentario inadecuados, no contestó. Entraron por la puerta de servicio, ella estaba cada vez más preocupada no sabía dónde estaba o adonde iban. Siguieron caminando por un pasillo muy largo, pobremente iluminado, hasta que llegaron a una habitación que también estaba mal iluminada. Verna le preguntó,

"¿Raúl dónde estamos, que es esto, donde está mi esposo?"

Raúl hizo un gesto con la mano para que entrara en el cuarto y le dijo,

"Señora, aquí va a esperar a una señora que se llama Isabel, ella le va a explicar porque usted está aquí y que es lo tiene que hacer. Buena suerte, usted está en un prostíbulo; va a tener admiradores que se van a volver loco por usted."

Estaba preocupada por lo que Raúl dijo, además no comprendió el significado se la palabra "prostíbulo". No sabía qué hacer, solamente lloró, presentía que algo malo le estaba sucediendo.

No tuvo que esperar mucho para saber cuál era su futuro. Isabel, una mujer de edad media entró en la sala, cuando vio a Verna hizo un gesto de aprobación. Pensó que era el tipo de mujer que iba a ser muy deseada por la clientela que visitaba la casa de placer. Le gustó porque era alta con una silueta esterilizada. Su cabello ondulado era de color rubio y sus ojos negros eran grandes y expresivos. Se dijo a si misma;

"No llegan a este lugar muchas mujeres tan bellas como lo es esta mujer."

Capítulo 3 – Futuro sin esperanza

La esperanza no es la convicción de que las cosas saldrán bien, si no la certidumbre de que algo tiene sentido, sin importar el resultado final. Anónimo

Pasaron dos días, Verna aun resistía ser una cortesana e ir al salón para entretener a los clientes del prostíbulo. Isabel entró bruscamente en la habitación, cuando Verna la vio entrar sintió escalofríos en todo su cuerpo. A pesar del miedo que sentía y de estar en ese terrible lugar, se resistía a hacer lo que le demandaban; no quería aceptar la idea de que su marido la había abandonado, temía que algo malo le habría ocurrido, no sabía que pensar, le preguntó,

"¿Señora usted sabe dónde está mi marido?" Me dijeron que él iba a estar aquí. ¿Qué le pudo haber pasado? El nunca me dejaría abandonada en este miserable lugar.

Isabel no sabía que le había pasado al marido, en realidad a ella no le importaba. Solo pensaba que Verna tenía que ir al salón a entretener a los clientes. Tomó su brazo, lo apretó y le dijo bruscamente,

"Mira perra, olvidate de tu marido, ponételo en la cabeza, para vos él está muerto, nada puedes hacer. Lo único que te queda para hacer es que tienes que ir al salón a complacer a nuestros clientes y ganar tu sustento.

Verna lloraba, Isabel la miró despectivamente y le dijo,

"La verdad de la manera que estas ahora no vas a servir para nada. Tienes que estar atractiva para seducirlos, tienes que entender que ese va a ser tu trabajo; ahora eres una cortesana como todas las otras."

Verna no comprendió lo que Isabel le estaba diciendo, no entendió la palabra "*murió*", pero presintió que algo malo le estaba pasando y cuando comprendió lo que significaba, comenzó a gritar como si estuviera histérica, puso su cabeza entre sus manos y mientras lloraba dijo,

"¿Qué hice de malo para estar en este infierno? Mi marido está muerto, no sé qué hago aquí, quiero ir a mi casa, quiero estar con mis padres."

Isabel estaba impaciente, con voz firme y con un tono cruel en su voz, le dijo,

"Mirá desgraciada, tu marido no murió, al contrario, está vivo y está disfrutando el dinero que le dimos cuando te compramos y ahora tienes que trabajar aquí para pagarnos lo que nos debes, hasta ese entonces serás una esclava y no tienes otra alternativa. Además, sabemos que él se llevó todas tus joyas, porque estuvo preguntando donde podía venderlas. Estoy segura que las vendió la misma mañana que te abandonó. Yo le compré este anillo."

Cuando Verna vio el anillo gritó con desesperación,

"Ese anillo me lo dio mi abuela, es un recuerdo de familia muy querido, por favor devuélvamelo."

Estaba tan agitada que no podía comprender la situación en que se encontraba, solamente pensaba que estaba sola. Además, no sabía cómo iba a recuperar su libertad. Verna estaba desesperada cuando le dijo,

"No puede ser que mi marido me haya abandonado, estábamos de luna de miel. Como voy a pagarles si no tengo nada, David se llevó todo lo que tenía."

Isabel se paró en el medio de la habitación, la miró de arriba abajo y con una sonrisa sarcástica le dijo,

"No seas estúpida, nosotros no queremos que nos pagues, solo queremos que trabajes en el salón entreteniendo a nuestros clientes, y ellos nos van a pagar mucho dinero por tu atención, te van a codiciar por tienes un cuerpo muy sensual. Vas a atenderlos y los vas a hacer sentirse deseados; así es como nos vas a pagar; cuanta más atención les das más nos van a pagar; así es como vamos a recuperar lo que pagamos por ti. Además, no pienses en escaparte, porque los perros te destrozaran."

Verna continuaba gritando, estaba desesperada, se sentía perdida, su situación era más grave de lo que pensaba porque lo que Isabel le decía le hizo comprender que no tenía otra alternativa para escaparse y ser libre. Trató de calmarse para poder comprender lo que estaba pasando.

Isabel comenzó a caminar hacia la puerta, antes de salir de la habitación le dijo,

"Aquí tienes tu ropa, esta noche puedes ir a atender el bar, pero mañana vas a tener que atender a los clientes que vienen aquí. Te vamos a enseñar a bailar el tango para que bailes con ellos."

Verna miró el vestido, no podía creer que tenía que usarlo, se sentía avergonzada de solo verlo porque tenía la impresión de que prácticamente iba a estar desnuda. En ese momento comprendió completamente su situación, volvió a llorar desconsoladamente. Después de un instante se dio cuenta que llorando y gritando no iba a resolver su situación, es más creyó que la iba a empeorar.

Después de pensarlo mucho decidió usar ese vestido e ir al salón. Se desvistió, a pesar que había tomado la decisión de hacer lo que Isabel le había pedido. Se sintió indecisa, se sentó en la cama; estaba desnuda.

Isabel volvió a entrar en la habitación, la vio sentada en la cama, le extraño verla desnuda; le dijo,

> "Anda a bañarte, y ponete elegante, no te olvides que cuando atiendes a uno de nuestros clientes, tienes que hacerlos sentir contento, y vas a tener que hacer lo que ellos te pidan."

Verna permaneció debajo del agua caliente, estaba paralizada, no se movía, seguía pensando que es lo que podía hacer. Recordó cuando se madre le dijo,

> *"No vayas a Argentina, mira hija pasó muy poco tiempo desde David que se fue para que él pueda ganar suficiente dinero para mandarte a llamar, no le tengo confianza,*

tengo miedo que algo te pueda pasarte. El esposo de mi sobrina Elena fue a Argentina hace mucho tiempo y aun no pudo ahorrar dinero para llamarla. Por favor pensá lo que te dije, tu futuro depende de lo que decidas ahora."

Verna sentía pena y se dijo,

"Debería haber escuchado a mi madre."

Ahora estaba arrepentida de no haberla escuchado, especialmente cuando le dijo,

"Mamá no te preocupes estoy segura que David me a cuidar como si yo fuera una reina, porque me amá y soy su esposa."

De solo pensar en ese momento le dio escalofríos, tomó su cabeza entre sus manos y comenzó a llorar.

Isabel entró en el baño, le dio una palmada en la nalga y gritando le dijo,

"Deja de llorar, vestite y anda al salón. Esta noche was vas a atender el bar y solamente was a servir bebidas Quiero que observes a las otras cortesanas para que mañana puedas hacer tu trabajo. A lo mejor esta misma noche was a tener algún admirador. Recordá que tenemos que recuperar el dinero que pagamos por vos.

De ahora en adelante te vamos a llamar
Ana, no te olvides ya no eres más Pavla."

Ya había obscurecido cuando decidió ir al
salón, no había ningún cliente, se sentó en uno
de los sofás que había en la sala de estar.
Había muchas jóvenes que estaban en
hablando, pensó que todas estaban en las
mismas condiciones que ella. Algunas estaban
paradas otras estaban sentadas, una de ellas
estaba sola, estaba sentada en una silla, cerca
de unos de los sofás. Cuando la vio se levantó
y caminó en la dirección donde estaba la
joven, mientras se acercaba, pensó que podría
hablar con ella en español porque creyó que
era una mujer latina debido al color de su piel;
aunque no hablaba bien español pensó que
podría comunicarse con ella. La joven
posiblemente no tenía más de 30 años, era de
altura mediana y su cabello era de color negro,
Como casi todas las cortesanas que estaban
en el salón su piel era de color obscuro.
Cuando estuvo cerca de ella, le dijo,

"Me llamo Verna, pero aquí ahora me
llaman Ana ¿Puedo sentarme cerca suyo?"
"Si, puedes sentarte, me llamo Pilar, aquí
me cambiaron el nombre, Ahora todos me
llaman Rita. Verna es la primera vez que te
veo aquí. ¿Cuándo te trajeron?"

El viento se llevó las cenizas

Verna tuvo que pensar que es lo que Rita le había preguntado porque solamente entendía algunas palabras de español y ladino.

"Llegué a este país con mi marido, pero después de la primera noche el desapareció, y como ves ahora estoy aquí.

Sus ojos se encontraron, Verna pensó que Rita estaba triste por el tono de su voz cuando le dijo,

"Ana, yo llegué a este lugar hace seis años. El día que me trajeron aquí fue el día más terrible de mi vida."

Rita, aunque era una mujer muy bonita parecía ser una mujer de más de 30 años, se extrañó cuando le dijo,

"Cuando me trajeron aquí solamente tenía 17 años. Ellos sabían que yo era virgen, y el primer hombre con el que estuve fue muy bruto conmigo, nunca he podido olvidar esa terrible noche."

Verna vio lagrimas que corrían en sus mejillas, por un momento se olvidó de su propia desgracia y sintió lastima por ella. Le preguntó,

"¿Cómo fue que llegaste aquí?
"Ana, mi historia es similar a la historia de todas las mujeres que están aquí, confié en

un hombre y él se aprovechó de mi candidez, me engaño, él fue el que me trajo aquí."

Una joven alta y esbelta con cabello rubio se sentó cerca de Rita. Verna pensó que era the origen yugoeslavo, le preguntó,

"¿Y tú de dónde eres y como llegaste aquí?"
"Yo vivía cerca de Belgrado, mi nombre es Zhora. Un día, estaba caminando sola por una calle solitaria, dos hombres me agarraron y me forzaron adentro de un coche. Me llevaron a un galpón donde había otras mujeres, la mayoría eran de mi país, también había una joven francesa y una húngara. Todas llevaban puesto solamente ropa interior. Antes de entrar en el galpón casi me desnudaron, me dejaron solamente con la ropa interior. Creo que nos sacaron la ropa para que no pudiéramos escaparnos. Nos tuvieron atrapadas en ese galpón por varios días, nos dieron poca comida y muy poca agua. Dentro del galpón no había ninguna instalación de higiene, además, no había ninguna ventana; durante el día hacía mucho calor y durante las noches hacia frio.

Verna y Rita lloraban; Rita tomó la mano de Zhora y le dijo,

"Zhora cada una de nosotras tenemos historias tristes para contar, pero tenemos que tratar de no destruirnos con nuestras propias penas. Tengo esperanzas que algún día saldremos de aquí."

Zhora con lágrimas en sus ojos le dijo,

"Yo no soy tan optimista como lo eres tú, de aquí no nos podemos escapar, este es un lugar solitario, y hay perros feroces alrededor de la casa, si estás sola los perros te atacan, son perros entrenado para cuidar y ladran cuando ven extraños."

Zhora miró a Rita y le preguntó,

"¿Te acordáis de Adelina? La joven francesa trató que, de escaparse, después de unas horas de haberse escapado la trajeron con mordiscones de los perros en todo el cuerpo. Después de unos días sus heridas se infectaron, sufrió mucho cuando falleció. Nunca llamaron a un médico, pobre mujer sufrió mucho antes de morir."
"Si me acuerdo de ella; se quería escapar porque estaba embarazada y no quería que su hijo naciera en el prostíbulo. Fue una desgracia que nos afectó a todas."

El viento se llevó las cenizas

Isabel se acercó, estaba acompañada por un hombre joven elegantemente vestido, tenía un cigarrillo encendido en la mano izquierda. Cuando estuvieron cerca de Rita, le dijo al hombre,

"Antonio, esta es la joven que le quiero presentar, se llama Rita, ella lo va atender esta noche si usted quiere, estoy segura que va a estar muy contento con ella."

Isabel miró a Verna y le dijo amablemente,

"Ana, por favor trae dos copas de vino blanco para Antonio y Rita.

Después que Verna les sirvió dos copas de vino, los dos se fueron a una sala privada; Isabel se fue a atender a otros clientes.

Zhora le dijo,

"Ana, Isabel fue una cortesana como lo somos nosotras, aunque ella bailaba entreteniendo a los clientes. Todos decían que era una gitana rubia. Era muy bella, creo que antes que la raptaran bailaba, pero nadie sabe su historia."
"Isabel me dijo que esta noche voy a atender el bar y mañana voy a tener que atender a los clientes. Pero no voy a

hacerlo. No voy a bajar al salón para atender a nadie"

"Ana, te puedo asegurar que te van a hacer la vida imposible. Si no obedeces, después de que pase unos días te venden a un mercado de esclavas para trabajar la tierra. Te aseguro que te van hacer la vida imposible."

Verna estaba determinada a no ir al salón, se iba a resistir y no la iban a obligar a entretener a los hombres.

Mientras atendía el bar muchos hombres se acercaron para solicitar sus servicios como cortesana. Uno de ellos era muy persistente, buscó a Isabel, para pedirle que Ana fuera su cortesana. Isabel le respondió,

"Manuel tu eres uno de mis mejores clientes, pero Ana no te puede atender hoy porque esta indispuesta. Mañana si vienes ella va a ser tuya."

Después de medianoche, el salón quedó vacío, todas las cortesanas estaban atendiendo a clientes en habitaciones privadas. Isabel no estaba de buen humor posiblemente estaba cansada. Vio a Ana sentada en uno de los sofás se acercó a ella y le dijo"

El viento se llevó las cenizas

"No creo que van a venir más clientes creo que lo mejor es que te retires a tu habitación, descansa porque mañana vas a tener que entretener a Manuel; él es uno de los mejores clientes."

Verna no dijo nada, bajó la cabeza, salió del salón y se fue caminando lentamente a su habitación.

Capítulo 4 – Una noche terrible

La puerta del dormitorio se abrió, no escuchó cuando un hombre vestido con un traje negro entró en la habitación.

Cuando Verna llegó a su habitación, caminó lentamente hacia la cama, lo primero que hizo fue sacarse los zapatos, estaba cansada física y emocionalmente. La conversación que tuvo con Rita y Zhora la deprimió. Sus historias con situaciones distintas eran igualmente trágicas; estaban en un prostíbulo sin ninguna esperanza de que algún día podrían salir de ese lugar para tener una vida normal. Tomó su cabeza entre sus manos y lloró desconsoladamente.

Continuó sosteniendo su cabeza entre sus manos, hasta que se recostó en la cama, Cerró los ojos, pero no pudo dormir. Imagines de su adolescencia invadieron su mente. Recordó el día que conoció a Martin, su primer amor.

"Era una mañana resplandeciente del comienzo de primavera. Ese día, Verna se había despertado temprano, estaba llena de energía, se levantó rápidamente de la

cama, y caminó hacia la ventana, abrió las cortinas. El sol recién había comenzado a ascender en el horizonte, sus rayos penetraron las nubes dejando una gama de colores rojos, era como si el cielo estuviera en fuego."

"Quería cabalgar en la campiña, Quería ver el pasto verde que había estado cubierto de nieve durante todo el invierno. Quería ver los primeros brotes en las ramas de los árboles y los primeros pimpollos en los arbustos de rosas."

Recordó ver cuando llegó al establo, a un joven alto y robusto que estaba acariciando la cabeza de un caballo negro. Quería hablar con él porque se sintió atraída; por un instante se sintió tímida, no obstante, se acercó lentamente donde él estaba, puso una mano sobre el lomo del potro; sus ojos se encontraron, en ese momento sintió como si un escalofrío corrió por todo su cuerpo. Quería que él acariciara su cabello, sabía que eso no iba a suceder, porque él era un peón y ella era la hija del dueño. Le dijo, como si estuviera celosa del caballo y no quería que lo tocara.

"Este es mi caballo, me lo regaló mi padre cuando cumplí 15 años, se llama Trueno Negro. Le dimos ese nombre porque cuando nació, relinchó como si hubiera sido

*un trueno, y además porque su color es
negro como el azabache recién pulido"*

Martin continúo acariciando la cabeza de ese
hermoso y majestuoso animal. Verna le
preguntó mientras acariciaba el lomo del potro,

*"¿Y usted que hace aquí? nunca lo había
visto. ¿Acaso usted trabaja para mi padre,
como se llama?
"Señorita el capataz de este establo me dio
trabajo ayer y hoy es mi primer día. Me
llamo Martin."*

Verna amablemente le dijo,

*"Martin el dueño de este establo es mi
padre, me llamo Verna. Ahora por favor
póngale la montura al caballo, quiero ir a
cabalgar en la campiña. Verna quería que
ese joven la acompañara, pero sabía que
eso no era posible, volvió a pensar que ella
era la hija de los dueños de la estancia y él
era un peón.*

Recordando como Martin cepillaba el lomo de
Trueno Negro y con qué facilidad puso la
montura sobre el caballo, se quedó dormida
con una amplia sonrisa en su cara.

Unas horas más tarde la puerta del dormitorio
se abrió, no escuchó cuando un hombre

vestido con un traje negro, entró en la habitación. Caminó lentamente sin hacer ruido hasta que se acercó a la cama. Una luz tenue proveniente del pasillo iluminaba el cabello rubio de Verna. Por unos minutos se quedó mirándola. Caminó con cautela hacia el otro lado de la cama, se desvistió y se acostó junto a ella. Acarició su cabello, Verna tomó su mano y dijo con vos soñolienta,

"¿Martin eres tú? donde has estado durante todo este tiempo, me sentí tan sola, tenía mucho miedo, tuve una pesadilla."

El hombre continúo acariciando suavemente su cabello. Verna se dio vuelta para besar a su amate. Cuando puso su mano en el rostro del hombre, se dio cuenta que él no era con quien ella estaba soñando, con desesperación comenzó a gritar. Estaba histérica. El hombre la agarró de los hombros y la sacudió, pero se contuvo porque no quería hacerle daño. El sabía que la joven tenía que estar bien presentable poder seducir a los clientes del prostíbulo. La miró con desprecio y le dijo.

"Soy Pietro el dueño de este lugar, ahora no te a pasar nada, quiero que estés bien y que te pongas muy atractiva para que estés resplandeciente y mis clientes te admiren. Mañana vas a ir al salón y vas a hacer lo que te pida el primer hombre que se acerque a ti. Te advierto que, si no vas, tendrás que entretenerme a mí, y te voy a decir que soy yo o es el cliente, pero si soy yo vas a conocer lo que es la violencia; perra, piénsalo bien, vas a tener que satisfacer al primer hombre que te desea y después vas a entretener a otro y a otro hasta que termine la noche. Durante la noche siguiente vas a tener que hacer lo mismo, así van a ser todas las noches de tu vida hasta que seas vieja y no sirvas para nada. Esa va a ser tu vida en este lugar."

Verna no sabía qué hacer, lloraba desconsoladamente. El hombre se vistió lentamente, se dirigió hacia la puerta y antes de irse le dijo,

"No te olvides lo que te dije, aquí tienes que obedecer, has perdido tu identidad y no puedes enfrentarnos más, eres nuestra esclava, Ahora dormí así vas a estar descansada porque mañana durante la noche vas a tener que ir a trabajar. Y no pienses en escaparte porque no vas a poder, si tratas, los perros te destrozaran. No te olvides soy tu patrón y tú eres mi esclava."

El viento se llevó las cenizas

Verna estaba aterroriza, lloraba desconsoladamente, sabía que no podía entregarse a nadie, en ese momento pensó que no quería seguir viviendo. Nunca se iba a entregar voluntariamente a nadie.

Aunque estaba acostada con los ojos cerrados no podía dormir. Continúo pensando en su situación. Era el amanecer cuando se quedó dormida.

Cerca del mediodía Isabel entró en el cuarto, caminó hacia la cama, Verna todavía estaba durmiendo. Sacudió su hombro y le dijo,

> "Levantate, ya es el mediodía, Hoy vas a usar esta bombacha, y este corpiño, como puedes ver son de color rojo vivo, este color atrae más a los hombres. A partir de mañana vas a hacer ejercicios para que tengas un cuerpo firme, eso atrae más a los hombres. También te van a enseñar a bailar el tango porque a todos nuestros clientes les gusta bailarlo, los excita porque es la danza del amor."

Verna escuchaba lo que Isabel le estaba diciendo, pero ella había decidido no entregar su cuerpo a nadie, no le importaba a qué tipo de sufrimiento la iban a someter. Le dijo,

"Señora, voy a ir al salón, pero no quiero usar esa ropa, y tampoco voy a entretener a nadie. Lo único que puedo hacer es servir bebidas a sus clientes, pero no voy a entretener a ninguno de ellos, no soy una cortesana, ni una prostituta."

"Mira perra, muchas de las que vinieron aquí tenían la misma actitud que tienes tu, y terminaron finalmente haciendo lo que nosotros queríamos. Algunas de las que no aceptaron sus vidas terminaron trágicamente y otras fueron vendidas en el mercado de esclavas. Es tu decisión, y si tú quieres entretener a un solo hombre durante la noche was tener que seducirlo para que él no quiera dejarte. Sos bella y sexualmente atractiva, si no vas a hacer lo que te ordenamos que hagas, esta noche vas volver a tener una visita y no va a ser como lo fue anoche, la próxima será violenta. Tú decides."

Verna bajó la cabeza, no dijo nada, no sabía qué hacer, quería ganar tiempo porque aún tenía esperanza de que David volvería a rescatarla, también pensaba que Martin la sacaría de ese lugar; sabía que él estaba en Argentina.

Isabel acaricio su cabeza, sintió pena por ella, y con voz casi maternal le dijo,

"Ana comprendo tu dolor, pero creo que lo mejor que puedes hacer es bañarte y descansar, sino te vas a enfermar.

Verna sabía que nada podía hacer, no se podía escapar de ese lugar, no sabía dónde estaba y los perros estaban alrededor de la casa; si salía del edificio la destrozarían. No sabía cuánto tiempo iba a pasar antes que la vendieran en un mercado de esclavas. Pensó que por el momento tenía que aceptar lo que demandaban. Tenía esperanza que algún milagro ocurría y que alguien la iban a sacar de ese infierno.

Ese día después del atardecer, bajo al salón donde iba a encontrarse con los clientes. Zhora estaba sola, parecía estar contenta, Verna se sentó en el mismo sofá que ella y le preguntó,

"Zhora pareces estar contenta ¿Qué pasó?"
"Ana, el hombre que anoche estuvo con Rita, compró su libertad y esta mañana se fue con él; me alegro por ella porque pudo salir de este maldito lugar. Fue como un milagro para ella."
"Yo también me alegro. Zhora hoy noté que Isabel no era la misma, algo le debe haber pasado, parecía ser más humana."

El viento se llevó las cenizas

Zhora se quedó pensativa, fue casi como si en ese momento se dio cuenta que lo que vio la noche anterior haya sido el motivo para que Isabel fuera distinta, más humana, le dijo,

"Tienes razón Ana, algo le debe haber pasado, noté que cuando vio al hombre que acompañaba al joven que rescató a Rita, se puso pálida y se fue del salón inmediatamente, reaccionó como si hubiera visto a un fantasma; es raro, porque nunca había perdido la calma."

Verna parecía estar intrigada, estaba interesada en saber qué es lo que le había pasado a Isabel, quería saber quién era ese joven que la trastornó de tal manera. Que debe haber visto en él para que reaccionara de la manera que reaccionó. Algo tuvo que haber visto. Miró a Zhora y le dijo,

"Zhora trata de recordar cómo era él. Debe haber tenido algo en particular, algo que Isabel debe haber visto, posiblemente le debe haber traído algún recuerdo de su juventud."
"No se Ana, lo único que te puedo decir es que era buen mozo y que tenía ojos azules; yo diría del mismo color que los de Isabel."

Isabel entró en la sala y caminó hacia donde estaban las cortesanas y les dijo,

"Señoritas se vienes una tormenta muy fuerte; no creo que hoy vamos a tener clientes. Pueden quedarse aquí si ustedes quieren o pueden ir a descansar a sus respectivas habitaciones."

Verna quería seguir conversando con Zhora, le dijo a Isabel,

"Quiero quedarme aquí porque quiero seguir conversando con Zhora."
"No Ana anda a tu habitación después voy a ir a verte, quiero hablar contigo; paso algo muy importante, mi vida va a cambiar."

A pesar de que Isabel parecía estar deprimida, Verna sintió temor porque pensó que algo malo le iba a pasar, especialmente porque el dueño ya le habían advertido que alguien la iba visitar durante la noche. Salió del salón y fue directamente a su habitación. Sacó de su valija un cuaderno y un sobre. Se sentó frente a un pequeño escritorio y escribió una carta a su madre. Aunque estaba segura que esa carta nunca llegaría a destino.

Querida Mamá:
Aquí estoy en Argentina, aunque no sé si realmente ese es el país donde estoy. Al día siguiente de llegar a Buenos Aires, David me vendió a un prostíbulo de Rosario, me dejó sola. mamá, tenías razón

no tenía que haber viajado, estoy arrepentida. Ahora más que nunca necesito tu ayuda, quiero salir de este infierno, quiero rehacer mi vida y ahora tu eres la única persona que me puede ayudar. Tengo miedo de lo que pueda pasar esta noche, nunca imaginé que hubiera seres humanos tan malvados en el mundo como los que hay aquí.

No puedo escaparme porque hay perros feroces que cuidan el perímetro de la propiedad, además, no sé dónde estoy. Por ahora mi única esperanza es que un día alguien me saques de aquí, antes de que me convierta en una piltrafa humana.

Si algún día se el lugar dónde estoy te voy a escribir inmediatamente para que me ayudes; es posible que tenga que entregarme a algún hombre para preguntarle donde estoy.

Querida Mamá, ahora tú eres lo único que tengo y tú eres mi única esperanza para salir de este infierno.

Te quiero,

Tu Verna

El viento se llevó las cenizas

Puso la carta en un sobre, lo cerró, escribió la dirección y lo guardó en la valija. Unos minutos más tarde Isabel entró en el cuarto, parecía que estaba llorando. Isabel se acercó tomó la mano de Verna y le dijo,

> "Hija, tu eres la única persona con la que puedo hablar, to eres de Bulgaria al igual que yo y hablamos el mismo idioma."

Verna no sabía que pensar porque esa mujer había decidido hablar con ella, pero se sintió más tranquila porque parecía distinta, su rostro mostraba ternura. No sabía cómo podía ayudarla, pero le preguntó

'¿Que pasa Isabel, porque esta triste?"

Isabel secó las lágrimas que corrían en sus mejillas, y le dijo.

> "Verna, anoche vi a mi hijo, el niño que hace más de veinticinco años dejé abandonado con un grupo de gitanos, es un milagro."

Verna se sorprendió cuando Isabel le dijo que había visto a su hijo, lo primero que se le ocurrió fue pensar como supo que ese joven que ella había visto era su hijo, le preguntó,

"¿Isabel, como sabe que ese joven es su hijo? si cuando usted lo vio la última vez él era un infante, como fue que lo reconoció. "Verna, el joven que vi anoche tenía una medallita colgada con una cadena igual a la que le dix cuando lo dejé en la cuna el día que me escapé con mi amante. Anoche cuando estaba frente a mí, vi en sus ojos los ojos de Albert, mi primer amor, el hombre que amé toda mi vida. Cuando lo vi quería abrazarlo, pero tuve miedo y ahora tengo miedo de que nunca más lo volveré a ver. En esa medallita escribí, *Martin;* Verna, no puedo creerlo, es mi hijo."

Cuando Verna escuchó el nombre de ese hombre, grito con desesperación,

Isabel se sorprendió por la reacción de Verna, no tenía idea porque grito. Le dijo

"Por favor cálmate."

Cuando se calmó, la abrazó, llorando y con emoción en su voz le dijo,

"Isabel, ese joven, fue el primer hombre que amé en mi adolescencia. Una noche mi padre me prohibió verlo y creo que lo alejó de mi vida, nunca más lo volví a ver; no sé qué pasó. Según me dijeron él se de Bulgaria en busca de su madre, ahora estoy confundida, porque estoy casada con un hombre que me abandonó y que no amo.

Las dos mujeres se abrazaron, Verna lloraba desconsoladamente. Isabel le dijo,

"Hija tenemos que irnos de aquí, espero que un día lo vamos a volver a encontrar. Quiero rehacer mi vida quiero encontrar a Albert, el amor de mi vida. También quiero ver a mis padres, no sé si aún están vivos. También quiero ver a los gitanos que me ayudaron."

"Si Isabel tenemos que irnos de aquí, pero tenemos que tener un plan. Por favor si ese joven vuelve, quiero atenderlo. Quiero saber porque se fue de mi vida y si todavía me ama."
"Yo también quiero saber todo la relacionado con su vida, es mi hijo. Le pedí que vuelva hoy, pero con la tormenta posiblemente no vendrá, tengo esperanzas que volverá mañana. Le dije que tu serias quien lo va a atender, pero no le dije nada de ti."

Cuando Verna le dijo que Martin había sido su primer amor. Agradeció al destino, porque nunca había tenido esperanzas de saber sobre la vida de su hijo. Le preguntó,

"Quiero saber cómo lo conocistes, contame todo lo que te acuerdas de él."

Verna a pesar de que conocía a Martin muy bien, no quería hablar de él porque le traía recuerdos que quería olvidar y cuando los recordaba se ponía triste. Tenía miedo que esa lucecita que se prendió se apagara antes de que iluminara.

Isabel se dio cuenta que Verna no quería hablar de su hijo, el niño que había abandonado. Estaba tensa porque no sabía si algún día lo volvería a ver. Pensó que no quería estar más en un prostíbulo, quería fugarse, malos recuerdos invadieron su mente, lloró de solo pensar cuanto había sufrido en ese calvario y cuantas mujeres habían sufrido a cause de ella. No quería ser más la que ordenaba a esas pobres jóvenes para que satisfaga los vicios de los hombres que visitaban el quilombo y se abusaban de ellas. Odiaba a todos los hombres que la habían tocado durante esos años de sufrimiento.

Verna quería saber cómo reaccionó Martin cuando notó la reacción de Isabel; posiblemente se debe haber dado cuenta que algo raro pasaba, pero se imaginó que él nunca se debe haber imaginado que estaba enfrente de su madre. Martin iba a volver, tenia que volver para salvarlas.

Estuvieron juntas mucho tiempo, ambas hablaban del pasado. Verna pensó que Isabel era una pobre mujer que había sufrido mucho. Pensó que posiblemente era de la misma edad que su madre, es más pensó que a lo mejor se conocían, Isabel podía haber sido parte del pasado de su madre.

Isabel ya no quería hablar más de los años que había vivido como una cortesana, o que era la bailarían del prostíbulo y la gitana rubia, quería olvidarse de todo lo que había sufrido, viendo a esa joven como luchaba para no caer en la miserable vida de un prostíbulo, le dio fuerza para que ella también luchara, Le dijo,

> "Verna desde ahora vuelvo a ser Pavlina la hija de Dimitri y Alina Estimof."

Pavla se levantó, miro a Verna y le dijo,

> "Ahora voy a ir mi habitación"

Se dirigió hacia la puerta. Verna se levantó y la abrazo al mismo tiempo que le decía,

> "Pavla, ahora somos aliadas y tenemos que encontrar la manera para salir libre de este infierno."

Antes que Pavla saliera de la habitación le dio la carta que escribió para su madre. Le dijo

"Por favor, si puedes, manda esta carta, es para mi madre,"

Después que Pavla se fue, Verna se sentó en la cama, y casi murmullando dijo,

"Tengo la esperanza que un día voy a salir de este lugar y también tengo deseos de encontrar a Martin; sé que nos volveremos a amar como nos amamos cuando fuimos adolescentes; nada lo impedirá."

Se recostó, apoyó la cabeza sobre la almohada y dijo

"Gracia Pavla te agradezco con todo mi corazón la lucesita de esperanza que este momento comenzó a iluminar mi vida."

Pensando en los momentos felices que había vivido con Martin se quedó dormida.

Capítulo 5 – Una mujer tendida en la ruta

El gitano paró la carreta, llamó a su esposa mientras corría hacia donde estaba tendida la joven que había visto.

La carreta de una pareja de gitanos avanzaba lentamente en la ruta llena de huellas profundas, producidas por camiones que transitaban durante las lluvias de la primavera. Kavi, un hombre mayor vestido con ropa humilde, conducía la carreta mientras su esposa Sounya, estaba adentro durmiendo.

Iban en dirección a la ciudad de Ruse, una ciudad del Norte de Bulgaria cerca del borde con Rumania. Esperaban llegar a la plaza central antes del anochecer para poder interpretar música frente a un público como la hacían todas las noches en las ciudades que pasaba. Kavi tocaba el violín y Sounya cantaba y a veces bailaba, pero no siempre podía porque no tenía la fuerza de la juventud. Esa era la manera como se sostenían. Últimamente, tenían problemas económicos porque no habían ganado suficiente dinero debido a que Sounya ya no bailaba como lo hacía cuando era joven.

El viento se llevó las cenizas

Kavi estaba triste, posiblemente estaba pensando lo que había pasado la noche que fueron atacado por varios hombres con prejuicios anti-gitanos. Esa noche perdió a su hijo Andrei, solamente tenía 15 años de edad. Sounya nunca se recuperó de la perdida, posiblemente esa era una de las razones por la que últimamente no quería cantar mientras bailaba.

Kavi estaba tan distraído condiciendo y pensando en su hijo, casi no vio a una mujer que estaba tendida al costado de la ruta. Cuando se dio cuenta, inmediatamente paró la carreta, llamó a su esposa mientras corría hacia donde estaba tendida la joven.

"Sounya ven rápido, hay una mujer tendida al costado de la carretera, traé una cobija, estoy seguro que debe tener mucho frio."

Sounya salió de la carreta y corrió para ayudar a la mujer. La cubrió con una cobija y entre ella y Kavi la llevaron adentro. Kavi pensó que la joven no tenía más de 17 años de edad.

La acostaron sobre un colchón que estaba tendido en el piso de la carreta. Sounya preparó una taza de té. La joven abrió los ojos y dijo,

"Estaba cansada, no he comido nada desde hace dos días, gracias por ayudarme ¿Dónde estoy?"

Sounya notó que el vestido que tenía puesto, aunque estaba sucio era un vestido elegante; era los que usan las jóvenes de clase alta. Asumió que debía ser la hija de una familia pudiente que vivía en las cercanías de la ciudad de Ruse. Le preguntó mientras le daba una cuchara de té.

¿De dónde sos? Pareces que te has perdido. ¿Qué edad tienes?"

La joven estaba llorando; con voz suave le dijo,

"Señora tengo 17 años me llamo Pavlina, todos me llaman Pavla. Estoy embarazada. Mi padre me echó de la casa cuando se enteró que estaba esperando un bebe. Además, me dijo que me iba a matar junto con Albert, mi amante; tengo miedo. Cuando me fui de mi casa, mi madre me dio un poco de dinero. Caminé a la deriva por varios días, estoy cansada y tengo miedo. No puedo volver a mi casa y tampoco sé dónde está mi amante; Por favor ayúdenme, necesito un lugar donde mi hijo pueda nacer. Tengo sed y hambre.

Sounya pensó que lo mejor era que volviera a su casa, pero si ahora no le daban albergo, posiblemente se iba a morir debido al frio extremo, además estaba débil. Sintió lastima por ella. Tocó su frente, Sounya estaba segura que tenía fiebre,

"Puedes quedarte con nosotros hasta que tengas a tu hijo, posiblemente nos podrías ayudar. ¿Qué sabes hacer para ayudarnos aquí?

"No sé, cuando estaba en la casa de mis padres, tocaba el piano y cantaba, además tomé clases de danzas clásicas."

Kavi se acercó, tomó la mano de Pavla y mirando a Sounya le dijo,

"Sounya, haciendo un esfuerzo creo que la podríamos albergar en la carreta con nosotros."
"No comprendo, ¿Qué es lo que tú quieres decir, como vamos a poder dormir especialmente cuando ella este más adelantada con el embrazo? Va a ser imposible.
"No podemos dejarla abandonada en la intemperie. Yo puedo dormir aquí y tú y ella duermen dentro de la carreta."
"Está bien Kavi, pero si se hace difícil tenerla con nosotros, Pavla se va a tener

que ir a un convento, estoy segura que las monjas la van a recibir y la van a ayudar para que dé a luz a su hijo."

Esa noche Kavi fue a buscar ramas secas para hacer fuego, después de cenar, se sentaron frente a la hoguera y conversaron sobre el futuro de ellos y el futuro de Pavla viviendo con ellos. Kavi le dijo,

"Sounya escuchaste cuando Pavla dijo que sabe bailar y cantar, cre...

Antes que Kavi terminara la frase Sounya lo interrumpió y le dijo,

"Kavi, estás pensando lo mismo que yo; Pavla podría ayudarnos, tu tocas el violín, ella baila y yo canto. Es joven y sobre todo es muy bella, va gustar a todos."

Kavi se quedó callado por unos instantes, parecía estar pensando. No se sentía muy optimista cuando dijo,

"No creo que debemos incluir a Pavla en nuestros planes, es posible que después que se haya repuesto, va a querer seguir por su lado. Que va hacer con nosotros no es uno de los nuestros, es diferente y no podrá soportar nuestra manera de vivir como la soportamos nosotros."

El viento se llevó las cenizas

Sounya estaba preocupada, no quería que
Kavi durmiera en la intemperie, tenía miedo
que algún animal salvaje lo atacara, ya había
escuchado el aullido de lobos. Le dijo,

> "No creo que tu tendrías que dormir afuera
> de la carreta, es peligroso, además hay
> lugar adentro."
> "No te preocupes, voy a tener el fuego
> prendido toda la noche, el fuego va a
> mantener a los lobos alejados. Ahora anda
> a dormir, mañana podemos organizarnos,
> después de todo es posible que Pavla no
> se quiera quedar con nosotros."

Kavi durmió tranquilamente toda la noche,
solamente lo despertaron los royos de sol que
acariciaban su rostro. Aun había brazas
ardientes debajo de las cenizas, las llamas
habían desaparecido. Se levantó
perezosamente y fue a buscar agua al rio.
Cuando volvió encontró a Sounya sentada
cerca del fuego. Estaba preparando huevos
fritos con hiervas que encontró en el camino.

Sounya era una mujer de mediana estatura,
tenía la cabeza cubierta con una tela de
algodón de color anaranjado. Cuando Kavi la
vio le preguntó.

> "¿Dónde está Pavla?"

"Aún está durmiendo, estoy segura que anoche estaba agotada. Tenemos que darle ropa limpia para que se cambie."

Kavi se sentó en frente al fuego cerca de Sounya, estaba preocupado por un lado porque Pavla era tan joven y por el otro lado temía que podrían sufrir alguna represalia por parte de sus padres. Se distrajo cuando escuchó el galope de caballos que se acercaban. Imaginó, que pasaría lo mismo que había pasado en otras oportunidades; estaba preocupad, Le dijo a Sounya,

"Sounya, escuchas el galope de los caballos, ya nos viene a echar de este lugar nuevamente, anda a prepararte para irnos de este lugar lo más pronto posible."

Sounya se fue rápidamente a la carreta, entró silenciosamente para no despertar a Pavla.

Tres hombres montados en caballos se acercaron rápidamente. Cuando estuvieron frente al fogón miraron con desprecio al gitano. Uno de ellos se desmontó del caballo, era un hombre mayor, alto y corpulento, llevaba puesta una gorra de cuero y su barba blanca cubría su cara. Se acercó a Kavi y le preguntó con voz soberbia,

"¿Hi gitano has visto a una joven rubia? Soy el padre, la estoy buscando desde hace dos días."

Kavi recordó lo que Pavla le había dicho la noche anterior;

"Mi padre me dijo que me iba a matar junto con mi amante, tengo miedo."

Pensó que lo mejor era no decirle nada de la hija porque quería protegerla y posiblemente protegerse a sí mismo, solamente le dijo,

"Señor, no hemos visto a nadie."

Pavla se había despertado cuando escuchó a su padre preguntar por ella, sintió miedo, comenzó a temblar, pero se mantuvo callada, tomó las manos de Sounya y las oprimió.

El hombre miró la carreta, pero pensó que Pavla no estaría adentro. Montó su caballo, y antes de irse le dijo,

"Vamos en camino a Ruse, si la ven díganle que su padre la está buscando y que se quede aquí. Vamos a volver mañana por la mañana. Mi nombre is Dimitri Estimof, mi hija se llama Pavlina."

Inmediatamente después que los tres hombres se fueron, Pavla salió de la carreta y caminó rápidamente hasta donde estaba Kavi. Estaba vestida con una falda de colores vivos que le llegaba hasta los tobillos, y con una blusa holgada de mangas largas y escote redondo. Kavi sonrió cuando la vio porque estaba vestida con ropa de Sounya. Cuando estuvo frente a él le dijo,

> " Señor Kavi, le agradezco que no le haya dicho a mi padre que yo estaba con ustedes. No estaba segura de que usted me ayudaría, tenía mala opinión de los gitanos."

Cuando Kavi escuchó lo que Pavla le dijo, se levantó, la miró con disgusto y le dijo

> "Mirá jovencita, siempre y en todos los lugares que hemos estado nos desprecia y nos llaman gitanos, que nos llamen gitanos es un insulto para nosotros, tu padre recién nos habló con desprecio no somos gitanos, somos Romaní. Como todo grupo étnico tenemos gente mala y gente buena, no somos diferentes a ningún otro grupo."

Pavla se sonrojó porque se sentía incomoda por lo que le había dicho, tímidamente le dijo,

"Perdóneme, no lo quise insultar, en mi casa siempre los conocimos así. Ahora quiero decirle que estaba pensando que podría actuar con ustedes en sus presentaciones musicales, sé que usted o su esposa tocan el violín porque vi el estuche dentro de la carreta.

Kavi se sorprendió cuando Pavla dijo que quería actuar con ellos; con una sonrisa amable le preguntó.

"Dime Pavla, ¿Qué es lo que sabes hacer?"

Podría bailar y cantar. Hace dos años mis padres me enviaron a España para aprender a bailar; allí aprendí algunas canciones españolas. Aparte de bailar música clásica aprendí a bailar la Habanera de la ópera Carmen."

Sounya, salió de la carreta, mientras se acercaba a ellos les preguntó,

"¿Y ustedes de que están hablando?"

Kavi aún estaba sonriendo cuando le dijo a Sounya,

"Parece que tenemos una gitana rubia que quiere trabajar en nuestros actos."

"Y que es lo que ella quiere hacer, ¿Sabe bailar, tiene buena voz cuando canta, dime que sabe hacer?
"Me dijo que aprendió a bailar y cantar en España.

Sounya, pensó que Pavla era bella y elegante. Además, notó que el embarazo todavía no se notaba y que posiblemente bailaba bien. Le preguntó,

"¿Alguna vez has bailado las danzas folclóricas de Bulgaria o the Hungría?"
"No, pero vi a un conjunto búlgaro cuando bailaban en un teatro. También vi bailar las *czárdás*, me gustó mucho. "en aquel momento sentí necesidad de bailar al ritmo de esa música."

Kavi seguía la conversación con interés, sonrió porque vio como que había una intimidad maternal entre su esposa y ella. Sounya era feliz en ese momento. No se sorprendió cuando le pidió que interpretara su música preferida. Sounya fue a la carreta y trajo el violín y se lo dio a Kavi. Le dijo a Pavla,

"Voy a comenzar a bailar y cuando gustes te unes a mí y bailamos juntas, va a ser como una práctica para que comencemos a ser un conjunto, podrías actuar y vivir con nosotros. Además, cuando ya no puedas bailar más nosotros te vamos a cuidar hasta que tu hijo nazca y seas feliz. Nosotros te necesitamos y tú nos necesitas."

Esa misma noche, los tres fueron a un poblado pequeño, se instalaron en la plaza y esperaron hasta que anochezca, para que Kavi comenzara a tocar el violín. Empezó interpretando el Danubio azul uno de los valses de Strauss. Una pareja de jóvenes se detuvo y comenzaron a bailar siguiendo el ritmo del valse. Cuando terminaron la danza ya había varias personas escuchando la música. El hombre que habia bailado se acercó y tiró una moneda en el estuche del instrumento. Kavi agradeció moviendo su cabeza.

Cuando Kavi vio que había mucha gente, pensó que era el momento oportuno para introducir a la gitana rubia. Levantó su voz y mientras tocaba unas notas en el violín dijo,

"Señores y señoras ahora tengo el privilegio de presentar a nuestra gitana rubia.

Pavla entró bailando dentro del círculo formado por los espectadores y comenzó a bailar. Parecía una gacela con sus saltos. Todos aplaudían cuando hacia piruetas siguiendo el ritmo del violín, algunos tiraron monedas en los estuches. Kavi estaba contento porque vio que en el estuche había muchas monedas. Pavla continuó con la exhibición hasta que escuchó las últimas notas del violín, cuando terminó, hizo reverencias mientras el público aplaudía con entusiasmo. Sounya y su esposo nunca había recibido tanto dinero como el que revivieron esa noche.

Esa fue la noche del triunfo de Pavla. Mientras caminaban hacia su carreta Sounya, tomó la mano de Pavla y con voz suave casi murmurando le dijo,

"Hija, déjame que te llamé hija, tienes mucha gracia cuando bailas, esta noche nos has ayudado a ganar mucho dinero, pero tú serás famosa; no me cansé de ver imagines de la gitana rubia bailando y cantando."

Pavla sonriendo le dijo con entusiasmo,

Así va a ser como ustedes me van a llamar de ahora en adelante, voy a ser *Pavla la gitana rubia*"

Al día siguiente el padre de Pavla volvió al campamento acompañado por los mismos jinetes. Dimitri se acercó a Kavi y en forma áspera le preguntó,

"¿Gi\tano has visto a mi hija?"

Kavi, notó la manera despectiva con la que Dimitri le preguntó, bajo la cabeza y con voz casi inaudible le contestó,

"No señor no la hemos visto, pero como la dije antes si la hubiera visto le habría dicho que usted quiere que ella vuelva a la casa. Aunque no creo que su hija va a comunicarse con nosotros, recuerde, somos gitanos."

El señor Estimof, miró alrededor, caminó hasta que llegó a la carreta. Miró adentro como si estuviera buscándola. La carreta tenía la cortina separada y se podía ver lo que había adentro. Pavla había salido y se escondió en la arboleda. Después de ver que solo Sounya estaba adentro, volvió al lugar donde estaba Kavi y le dijo,

"Hoy escuché acerca de una gitana rubia, ¿Usted sabe algo de ella? Sabe si hay algún lugar donde hay una mujer rubia entre gitanos, esa joven podría ser mi hija. Pavla regresó a la carreta, escuchó al padre cuando hablaba, pero se mantuvo callada."

Kavi se sintió aliviado porque que no encontró a Pavla dentro de la carreta, con calma le dijo, "yo también escuché que hay una gitana rubia que es muy buena bailarina, pero no sé nada de ella, posiblemente es de otro campamento o posiblemente es una leyenda."

Los tres hombres se fueron cabalgando y desaparecieron en el horizonte. Pavla salió de la carreta, se acercó dónde estaba Kavi y le agradeció por no haberle dijo a su padre que ella era la gitana rubia y que estaba con él. Kavi llamó a Sounya y le dijo.

"Preparate vamos a ir a Rumania, nos vamos a quedar allí hasta que no busquen más a Pavla. Si nos quedamos aquí, estoy seguro que tarde o temprano la van a encontrar y posiblemente tomaran represalias contra nosotros."

Al día siguiente, recogieron sus posesiones y partieron en dirección a Ruse. Viajaron todo el día hasta que llegaron en las cercanías de la ciudad. Siguieron marchando hasta que encontraron un campamento gitano que estaba ubicado cerca del majestuoso rio Danubio. Kavi ubicó su carreta cerca de las que están alrededor de la hoguera. En ese lugar es donde estaba su amigo Rudolf.

Pavla, escuchó música, caminó lentamente hasta que estuvo cerca la hoguera, vio a varias parejas bailando. Había muchos espectadores que venían a ver bailar a los jóvenes gitanos. Pavla estaba vestida con faldas largas de colores vivos y una blusa de color rojo. Tenía varios collares que Sounya le había prestado. También tenía un colgante de oro. Era una joya muy bonita, con una Tora soldada sobre la estrella de David, quería bailar, pero no quiso interrumpir a los otros jóvenes.

Uno de los espectadores reconoció la joya y le dijo,

¿Es esa joya es la estrella de Davis, sos una gitana judía o se la robasteis a alguien?"

Otro dijo,

"Es la gitana rubia."

Otros concurrentes, escucharon que la gitana que estaba entre ellos era la gitana rubia. Todos aplaudieron y pidieron que baile. Pavla sonriendo fue al centro del circulo que habían formado los espectadores. Cuando estuvo cerca del centro comenzó a cantar y bailar la Habanera. Un joven entró en el círculo bailando al unísono. Pavla sonrió y comenzó a bailar con él.

El viento se llevó las cenizas

Después que los jóvenes terminaron de bailar.
Kavi había esperado que todos estuvieran
atentos, comenzó a interpretar en su violín las
czárdás de Monti; Pavla y el joven bailaron
juntos. Todos los concurrentes aplaudían con
entusiasmo. Esa noche, todos dijeron que la
gitana rubia había nacido bailando. La mayoría
de los concurrentes pusieron monedas en el
estuche. Kavi sonreí y agradecía a todos,
parecía que nunca había sido tan feliz.

Más tarde cuando todos los espectadores se
fueron, Pavla caminó hacia donde estaba
Sounya, estaba contenta. Cuando Sounya la
vio, notó en los ojos de la joven una lucecita de
felicidad. Sonriendo le preguntó

> "Pavla te veo contenta, me alegro por que
> pareces distinta a la mujercita que
> encontramos tirada en la ruta."
> "Sounya nunca tuve momentos tan
> divertido y he estado tan feliz como los que
> estoy pasando aquí con ustedes. En mi
> casa siempre tuve que seguir el protocolo
> de la familia y de la sociedad que nos
> rodeaban. Quiero a mis padres, pero tengo
> miedo de que por razón del honor de la
> familia sean crueles. Tengo miedo porque
> no se cuán lejos puede llegar su crueldad."

Como habían programado, al día siguiente
cruzaron El Danubio Azul y se instalaron en las

afueras de la ciudad de Giurgiu. Encontraron a un grupo de gitanos que estaban buscando un lugar para instalarse. Pavla tenía conocimientos del lenguaje rumano y los ayudó a comunicarse. No le llevó mucho tiempo hacerse de amigos, también encontró un joven con el que están juntos por mucho tiempo. Sounya pensó que estaban enamorados.

Todo estaba tranquilo, no escucharon nada de sus padres, y ella parecía no extrañarlos. Después de unos meses dejo bailar, aunque algunas veces cantaba algunas canciones gitanas. Estaba perdiendo su movilidad a medida que se acercaba el nacimiento de su hijo. Ella insistía que su hijo iba a ser un baroncito, y su nombre iba a ser Martin.

Una mañana Pavla se levantó temprano, aún no había amanecido, quería hablar con Kavi, Salió de la carreta, lo encontró sentado frente a la hoguera, Cuando estuvo cerca se sentó frente a él y le dijo,

"Kavi, perdone que lo moleste, pero quiero hablar con usted; estoy un poco deprimida."

Kavi no se extrañó que ella quisiera hablar con él. Desde hacía unos días la había visto callada hasta parecía triste. Pensó que posiblemente ella quería dar a luz a su hijo en la casa de sus padres. Solo le dijo,

"¿Qué te pasa Pavla? Sé que estas triste, ¿De qué quieres hablar conmigo?
"Kavi quiero que mi hijo nazca en Bulgaria, quiero volver a mi tierra; hasta pensé que podía ir a la casa de mis padres a pesar de tener que enfrentar a mi padre, quiero que Albert, mi amor, vea a nuestro hijo cuando nazca."

Kavi se quedó pensando lo que Pavla le había dicho, no fue exactamente lo que él había pensado, pero de cualquier manera Pavla quería volver a su tierra. No quería que se vaya de su vida porque desde que llegó todo cambio, había alegría en el campamento, especialmente cuando la veía bailar. Pero sabía que algún día Pavla buscaría su propio camino e iría a buscar su propia vida. Se puso contenta cuando Kavi le dijo,

"Pavla no te procupes mañana temprano levantamos campamento y volvemos a Bulgaria."

Partieron cuando estaba amaneciendo. Avanzaban lentamente, porque la noche anterior había llovido torrencialmente. Pavla se sentía incomoda; pensó que su hijo iba a nacer durante el viaje.

Capítulo 6 – El Nacimiento de Martín

Este pequeño niño que está reposando en tus brazos es y será tu felicidad. A pesar de las dificultades que puedas tener en la vida él la te dará la fuerza para que continúes luchando.

Era casi el anochecer cuando cruzaron la frontera de Bulgaria. Kavi se dirigió directamente al campamento donde estaba su amigo Rudolf. Llegaron al lugar dos horas más tarde.

Kavi y Pavla caminaron lentamente hacia donde estaban la mayoría de los gitanos. Se sentaron frente al fogón; aun había leña encendida. Había mucha gente escuchando las notas de un violín que se perdían en la inmensidad del firmamento. Cuando vieron a Pavla, el violinista interrumpió su interpretación y dijo,

"Amigos, aquí tenemos entre nosotros a la gitana rubia, la que un día nos deleitó con sus bailes y canciones. Sabemos que ahora ella no puede bailar, no obstante, estamos contentos de que está con nosotros. Mucha gente ha pasado por aquí y han preguntado por ella. Estoy seguro

que dentro de muy poco tiempo va a volver
a bailar como lo había hecho antes.
Bienvenida gitana rubia, todos te amamos."

Pavla se conmovió, lagrimas corrieron por su
rostro, con dificultad se paró y dijo,

"Queridos amigos y compañeros, solo
quiero decirles que están do aquí con
ustedes siempre he sido feliz, y quiero que
mi hijo crezca con ustedes."

El rumor de que la gitana rubia había
regresado al campamento se desplazó
rápidamente. La noticia llegó a la casa de la
familia Estimof. Dimitri fue a buscar a su
esposa Alina, cuando la encontró le dijo,

"Tengo idea donde esta nuestra hija,
mañana voy a ir a buscarla, no quiero que
nuestro nieto nazca en una careta gitana."
"Dimitri, voy contigo, me preocupa la salud
de mi hija, no te olvides, ella es nuestra
niña. Debemos ayudarla en todo la que
podamos, además tenemos que aceptar a
Albert, él es el padre de nuestro nieto,
además es un buen."

Durante la noche Pavla comenzó a sentir
dolores; despertó a Sounya y le dijo,

"Sounya no puedo dormir tengo dolores muy fuertes. No sé qué me pasa, creo que Martin está en camino."

Sounya escuchaba lo que Pavla le decía, sonriendo le dijo,

"Pavla es tu hijo, con los dolores que tienes está anunciando su llegada. Recostate voy a pedir ayuda."

Esa noche, después de mucho esfuerzo dio luz a su hijo Martin. Con la ayuda de varias mujeres del campamento el niño nació, se escucharon los primeros llantos, todas las mujeres de campamento elogiaron a la madre. Los hombres aseguraban que el niño era un gitano.

Pavla, pidió que le den a su hijo, quería tenerlo en sus brazos. El pequeño estaba desnudo, solamente estaba cubierto con una manta, Notó que él bebe tenía una pequeña mancha en el hombro izquierdo, pensó que era una marca de nacimiento. Casi inmediatamente Pavla se quedó dormida. Sounya tomó el niño en sus brazos y con la ayuda de otra gitana lo bañaron y lo acostaron cerca de su madre.

Al día siguiente, Pavla se despertó temprano. Con la ayuda de Sounya bajó de la carreta y se sentó frente a la hoguera. Todas las mujeres del campamento la visitaron, algunas de ellas le dieron regalos. Cuando estuvo sola con su hijo sacó de su cuello la cadenita con la medalla que su madre le había regalado, la acortó y la puso en el cuello de su hijo, y le dijo,

"Querido hijo, esta medalla te une a nuestra familia, úsala siempre."

Dimitri y Alina visitaron varios lugares donde los gitanos acampaban, todos le dijeron que no conocían a ninguna gitana rubia. En uno de esos campamentos le dijeron que ellos creían que la gitana rubia era solo una legenda. Volvieron a su casa desilusionados. Alina esperaban traer con ellos a su hija y a su nieto.

Pavla iba todos los atardeceres a reunirse con los jóvenes de su edad, siempre llevaba a su hijo y se quedaba sentada frente al fogón. Por las noches se acostaba temprano, aunque cuando su hijo la necesitaba, se quedaba despierta hasta que Martin se durmiera. Así pasaron varias semanas.

Un día, mientras estaba conversando con Sounya, escuchó las notas inconfundibles de la czárdás. Miró a su alrededor y vio a Kavi tocando el violín. Le dijo a Sounya,

"Por favor tenga a Martin por unos minutos, quiero ir a bailar."

Esa tarde la Gitana Rubia ya no era más una leyenda, era la realidad, bailaba de nuevo. Una danza siguió a la otra hasta que quedó agotada. Caminó hacia donde estaba Sounya y tomó a su hijo en sus brazos. Con una sonrisa le dijo a Martin,

"Tu madre está bailando de nuevo."

Un día antes que Dimitri fuera a Italia en un viaje de negocios, escuchó empleado de la casa había comentado que la gitana rubia había bailado en un campamento gitano cerca de Ruse. Antes de partir le dijo a su esposa,

"Alina, hay un campamento de gitanos que no hemos visitado, está ubicado cerca de la orilla del rio en las proximidades de la ciudad de Ruse. Tengo la impresión que allí vamos a encontrar a nuestra hija."

Los ojos de Alina se iluminaron cuando escuchó a su marido; rogó y pidió a Dios de que en ese lugar estuviera su hija. Su corazón palpitaba rápidamente cuando le dijo,

"Dimitri, mañana temprano voy a ir a ese lugar, espero encontrar a nuestra hija y traerla a nuestra casa. Con ella nosotros volveremos a ser felices."

Al amanecer Alina pidió que le prepararan la pequeña carroza tirada por dos caballos. Cuando estuvo lista partió de su casa para ir a buscar a su hija. Alina era como Pavla alta y esbelta, su cabello al igual que el de su hija era rubio, aunque ya estaba adornado con algunas canas. Su rostro mostraba las arrugas que el tiempo a través de los años fueron dejando, aunque sus ojos aún tenían chispas de juventud.

Era el atardecer cuando llegó al campamento, mientras caminaba hacia el fogón, escuchó las notas de un violín interpretando las czárdás, caminó hacia el lugar donde provenía la música, Vio varias carretas y mucha pareja bailando. Se acercó al fogón, cuando vio a Sounya con un niño recién nacido en sus brazos, sintió un escalofrío que corrió por todo su cuerpo, quería tener al niño junto a ella, pensó ese niño podría ser su nieto. Se acercó y le dijo,

"Señora me permite tener al niño en mis brazos. Es un bebe preciso."

Alina, miraba al niño, estaba desnudo solamente estaba cubierto con una manta que usaban las gitanas para cubrir sus hombros.

El viento se llevó las cenizas

Vio en el hombro izquierdo del niño una marca de nacimiento, era de color marrón obscuro. Mientras acariciaba su hombro, cantó en vos baja una canción para niños. No se dio cuenta que su hija se acercaba. Cuando Pavla la vio corrió hacia ella, abrazó a su madre, y le dijo,

"¿Mamá que haces aquí? El niño que tienes en tus brazos es Martin, mi hijo y tu nieto. ¿Cómo sabias que estaba aquí, donde esta Papá?"

Alina, no podía creer que enfrente de ella estaba su hija vestida como una gitana y con pañuelo cubriendo su cabello. La miró como si estuviera diciendo,

"Hija como has llegado a esto."

Pero no dijo nada. No obstante, se alegró de solo verla porque finalmente la había encontrado. Le dijo,

"Pavla tu padre está en Italia, no sé cuándo va a volver. Escuchamos rumores de que en este campamento había una gitana rubia que bailaba muy bien, no sabíamos que pensar, pero tuvimos el presentimiento de que se referían a ti, mi hija. Debe haber sido su presentimiento de madre el que tuve, tenía que comprobar por mí misma, estoy contenta que vine;"

Pavla no dijo nada, pero Alina pudo ver que su rostro estaba cubierto con lágrimas. Se acercó a su hija, aunque ella tenía al niño en sus brazos, se abrazaron Pabla le dijo,

> "Mamá te extrañé mucho, pero soy feliz. Aquí conocí parte de la personalidad que nunca sabía que existía dentro de mí."

Alina se asombró cuando su hija le dijo que ella era feliz. Se preguntó,

> *"No comprendo cómo puede ser feliz en el ambiente que esta. ¿Qué futuro va a tener este pobre niño? Tengo que convencerla para que vuelva a nuestra casa.*

Solamente le dijo,

> "Hija, vine a buscarte, quiero que vuelvas a vivir con nosotros, ese niño que tienes en tus es nuestro nieto, quiero que el también viva con nosotros."

Pavla sabía lo que su madre quería. También sabía que en la casa y en el ambiente social que sus padres vivían nunca iba a ser aceptada. Con voz firme le dijo,

> "Mama, aquí soy feliz, aquí me aceptaron y aceptaron a mi hijo, aquí somos felices, y nadie me juzga."

El viento se llevó las cenizas

Alina no podía creer lo que estaba
escuchando, Pensó

*"Como hago para decirle que en
campamento con los gitanos no iba a tener
un futuro feliz y que su hijo iba a crecer ese
ambiente."* Le dijo,

"Pavla, estoy segura que en nuestra casa
tendrás todo lo que necesitan. No me
importa lo que mi ambiente social piense, a
mi lo único que me interesa es que tu estés
con nosotros, eres mi hija y él es mi nieto,
quiero que la felicidad vuelva a nuestra
casa."

Pavla pensó sobre todo lo que la madre le dijo,
pero llegó a la conclusión de que su padre
nunca aceptaría a su hijo y menos a Albert.
Casi murmurando le dijo,

"Mamá, se tú quieres que yo vaya a vivir
contigo, pero estoy segura que Papá
aceptaría mi situación, pero sé que él
nunca aceptará a mi hijo, Recuerda que
Martin es un bastardo y lo va ser toda su
vida. Por eso quiero estar aquí, donde
todos nos aceptan y nadie nos juzgan, es
más, aquí nunca nos juzgaran.

Alina escuchó la que Pavla le estaba diciendo,
no podía creer que su hija no iba a tener una

vida feliz dentro ambiente que ella y Dimitri vivían. Le dijo,

Pavla, aunque realmente no comprendo porque no quieres volver a nuestra casa, acepto tu decisión, pero siento pena de que tu hijo permanezca aquí y tenga una vida que tú has elegido para él. Sé que con el tiempo vas a volver a nuestra casa. Hija mía voy a vivir con esa esperanza hasta el día que decidas volver.

Pavla pensó que su madre tenía razón, pero sintió miedo de que su padre reaccionara violentamente como lo hizo cuando se enteró que estaba embarazada. Estaba triste cuando le dijo,

"Mamá comprendo lo que tú dices, pero tengo miedo, porque sé que Papá nunca va a aceptar a Martin. Además, como te dije antes aquí nadie me impide que yo haga lo que quiero."

Alina quería convencerla para que esa noche volviera a su casa con ella, pero se dio cuenta que no iba a ser posible, Pavla estaba determinada a quedarse en el campamento con los gitanos. Con tristeza en su vos le dijo,

"Cuando tu padre vuelva de viaje vamos a volver, y tu podrás resolver tu problema con tu él. Pero recuerda que tu hijo es nuestro nieto. No quiero que este desnudo como está ahora. Voy a ir a mi casa se me parte el corazón de pena de no poderte llevarte conmigo; te deseo que seas feliz."

Antes de irse Alina, abrazó a su hija, estaba llorando, tenía miedo por su futuro. Pero nada podía hacer.

Pavla también lloraba, pero sabía que no podía ir con su madre. Sintió dolor en su pecho, fue como una sensación de que era la última que la veía. Le pidió, hablando con una voz muy dulce,

"Mamá quédate para verme bailar, le voy a pedir a Kavi que interprete en su violín la Habanera, te acuerdas, es la danza que aprendí a bailar cuando estuve en España.

Unos minutos más tarde fue cerca de la hoguera y comenzó a bailar acompañada por la música de la habanera. Alina, vio a su hija bailando no pudo contener las lágrimas, la vio feliz, en ese momento comprendió que ella nunca volvería a su casa. También pensó en su nieto y cuál sería su futuro. No podía quedarse más tiempo, le dolió ver bailar a su hija. Lloró con tristeza porque supo que en ese momento había perdido a su hija, también lloró de alegría porque su hija había encontrado su felicidad.

Antes que Pavla terminara de bailar, Alina fue a la carroza y partió hacia su casa.

Pavla vio a su madre cuando se estaba yendo, pensó *"mi madre comprendió"* estaba triste, pero siguió bailando. Sintió el ruido de La carroza que se alejaba. Esa noche la gitana rubia comenzó a vivir una nueva vida.

Pasaron muchos días desde que su madre se había ido del campamento. Una noche mientras bailaba la habanera, se encandilo con la presencia de un oficial de la armada española. Estaba parado en la primera fila frente al fogón. Era alto, de cabello negro y ojos penetrantes, cuando sus miradas se encontraron, intercambiaron sonrisas.

Bernardo había escuchado hablar de la gitana rubia, esa noche decidió ir al campamento para verla bailar. Cuando Pavla lo vio, se acercó a él bailando, dio varias vueltas in frente de él, y se alejó mirándolo. Bernardo se adelantó unos pasos, se acercó a ella, tomó su mano, y comenzó a bailar hasta que sus cuerpos se tocaron. El joven sentía que su corazón quería escaparse de su pecho y deseaba unirse a esa mujer maravillosa. Todo paso muy rápido, él quería que ella bailara con él toda la noche; era como si se hubieran enamorado de ella desde el momento.

Cuando los instrumentos musicales emitieron los últimos compases de la habanera, Bernardo acompañó a Pavla hasta donde estaban Kavi y Sounya. Antes de irse besó la mano de la mujer que ya había comenzado a amar y le dijo,

"Volveré mañana."

Bernardo estaba en Bulgaria de vacaciones. Tenía que volver al cuartel militar al día siguiente. Se levantó temprano, montó en su caballo y se fue galopeando hacia el lugar donde había conocido a la gitana rubia. Estaba obsesionado, no podía irse de Bulgaria sin volverla a ver. Se había enamorado de ella cuando la vio bailar.

Cuando llegó al campamento, vio lo que no había visto la noche anterior, vio carretas ubicadas alrededor de la hoguera, vio muchos niños desnudos corriendo en distintas direcciones, y mujeres caminando hacia el fogón con ollas llenas de agua. Estaba desorientado no sabía cuál era la carreta donde Pavla podría estar y no sabía su nombre para preguntar por ella, se acercó a una anciana, pero ella no comprendió el idioma que él hablaba.

El viento se llevó las cenizas

Pavla, estaba en la carreta cerca del lugar donde estaba la anciana con Bernardo. Lo vio cuando el comenzó a caminar hacia donde estaba su caballo. Sabía que él la estaba buscando. Salió corriendo hasta que lo alcanzó. Cuando estuvo cerca se abrazaron, ambos sintieron el deseo de ser pertenecidos físicamente. El le dijo,

"Quiero que vengas conmigo, quiero que estés cerca mío toda la vida, quiero que seas mía. Ahora mismo quiero hablar con tus padres. Me llamo Bernardo de la Peña."
"Bernardo mi nombre es Pavla y mis padres no están aquí, yo hago lo que quiero, soy libre y quiero estar contigo."
"Pavla ven conmigo, ahora."
"No Bernardo no puedo, tengo a mi hijo aquí."
"Si vienes conmigo ahora, puedes volver al atardecer para que busques a tu hijo y nos vamos juntos a España."
"Está bien Bernardo, voy a la carreta para decirle a Kavi y Sounya que vuelvo al atardecer."

Pavla regresó después de hablar con Kavi, juntos cabalgaron hacia la ciudad. Ella estaba abrazada, mientras el caballo avanzaba rápidamente. El sentía el cuerpo de la mujer que lo abrazaba, estaba ansioso, quería llegar al hotel. Cuando entraron en la habitación la levantó en sus brazos y la llevó a la cama donde se amaron intensamente.

Permanecieron abrazados por muchas horas. Era el atardecer cuando decidieron volver al campamento. Se vistieron rápidamente y partieron. Salieron de los suburbios de la ciudad. Después de cabalgar por unos minutos, Bernardo tenía la impresión que lo estaba siguiendo. Siguió cabalgando hasta que encontró un grupo de jinetes parados en la ruta. Le hicieron señas para que se desmontara. No quería detenerse porque pensó que eran bandidos, pero no tuvo otra alternativa. Uno de los jinetes lo apuntó con un rifle y le dijo,

"Dame la mujer que llevas y te dejamos ir"

Bernardo intentó sacar el revolver de su estuche, pero uno de los bandidos se adelantó y disparó a quema ropa. Bernardo, se cayó y los bandidos tomaron la rienda del caballo y se escaparon. Pavla era rehén de esos bandidos.

Capítulo 7- Esa tarde Pavla fue secuestrada

Hay un proverbio árabe que reza así: "Al cuello, lo dobla la espada; pero al corazón, únicamente lo dobla otro corazón." El amor es irresistible.

Pavla gritaba pidiendo ayuda, era inútil porque nadie la podía escuchar debido a que estaban en un lugar desolado. Después de unos minutos todos se desmontaron de sus caballos y caminaron hacia donde estaba Pavla, la desmontaron del caballo y le preguntaron cómo se llamaba, les dijo

"Me llamo Pavla, pero todos me conocen como la Gitana Rubia, Suéltenme y déjenme ir, soy pobre, no tengo nada, adamas, no tengo parientes ricos.

El que parecía ser el jefe, se rio a carcajadas y cruelmente le dijo,

"A nosotros no nos importa que tengas o no tengas dinero, tú con tu cabello rubio vales más que oro porque te vamos a vender como una esclava para que satisfagas a los hombres que te demandan sexo. Además, y nunca vas a poder volver a tu casa porque vas a trabajar como prostituta en un prostíbulo. Allí te entretengas a todos los hombres que te deseen, vas a ser una cortesana. Desde ahora te vas a llamar Isabel y olvidate quien eras porque desde este momento eres nada más que una cautiva. Posiblemente en el prostíbulo vas a ser la única puta rubia. Sé que nos van a pagar mucho dinero porque las mujeres rubias son muy codiciadas en los prostíbulos, además, eres muy bella. Quiero que seas mía, pero tengo que cuidarte porque tienes que estar bien, así nos van pagar más cuando te llevemos a las subastas de los mercados de esclavas. Estoy seguro que te vamos a vender rápido."

Pavla estaba aterrorizada, llorando pedía que tengan clemencia por ella, quería gritar, pero sabía que gritando no iba a conseguir nada, se dio cuenta que esos hombres eran salvajes, no obstante, se arrodilló e imploró,

"Por favor, déjenme ir, tengo un hijo que necesita de mí. Esta solo y no tiene a nadie."

Parecía que nadie la escuchaba, todos cabalgaron hasta que llegaron a una zona desolada. Finalmente llegaron a una casa, la forzaron a que se desmontara de su caballo.

Pavla no quería caminar, dos hombres la tomaran de sus brazos y la arrastraron. La llevaron al sótano, Isabel continuaba gritando y llorando las arrastraban bajando las escaleras. Uno de los hombres le dijo,

"Callate gitana, hija de una perra,"

Todo estaba obscuro, no veía nada, pero poco a poco, comenzó a ver a su alrededor, vio a cuatro mujeres que están sentada contra la pared, todas eran jóvenes como lo era ella. Se acercó y les preguntó.

"¿Quiénes son ustedes?

Una de ella, la que parecía tener más energía, le dijo,
"Soy de Burgas, una ciudad balnearia de Bulgaria, me secuestraron cuando estaba con mi familia en la playa del mar Negro. Mi marido me debe estar buscando. Me llamo Daniela."

Isabel, le preguntó cómo se llamaba a la joven que estaba cerca de Daniela. Solo, comprendió la palabra Hanna porque se había comunicado en un idioma que ella no conocía. Creyó que era griega y que su nombre era Hanna, parecía no tener más de 20 años.

Miró a las otras dos jóvenes, una de ella le dijo,

"Nosotras somos hermanas, soy la mayor, me llamo Alada, y mi hermana se llama Mabel. Somos de Albania. Tengo 19 años y mi hermana tiene 17. Mabel estaba llorando."

Isabel no comprendió lo que le dijeron, Daniela le dijo

"Son hermanas la mayor se llaman Alada, y la otra se llama Mabel. Ellas estaban aquí cuando me trajeron. El jefe de los bandidos se llama Iván y lo llaman *El Despiadado*, es un hombre muy cruel. Nos dan de comer solamente una vez al día, en realidad no sé, porque aquí no vemos la luz del día; no hay ventana y nos traen comida durante la noche. No sabemos cuándo el día comienza o cuando termina."
"Me llamo Pavla, pero aquí me llaman Isabel."

Pasaron varias horas, ya estaba amaneciendo, hacia frio y estaba húmedo. Un hombre alto y morrudo bajo la escalera y les dijo,

"Creo que ustedes ya saben quién soy yo, Me llamo Iván, no tengo piedad de nadie, no lloren porque no me van a conmover, Soy el jefe y aquí todos me obedecen y ustedes son mis esclavas. Dentro de dos o tres días vamos a ir al mercado de esclavos y allí las vamos a vender. Durante el viaje van a permanecer calladas. Antes de llegar, quiero que se pongan esta ropa, porque las vamos a vender y quiero que luzcan bien. No usen ropa interior. Además, no quiero que usen zapatos. Les repito en ningún momento las quiero ver llorar y no quiero escuchar lamentos o quejas. Estén calladas, se los digo por su propio bien."

Todos los vestidos eran holgados y largos.

Ivan se fue del sótano. Todas estaban temblando, no sabían que era lo que les iba a pasar, creyeron que las iban a torturar.

Tres días más tarde durante el atardecer las encerraron adentro de la caja de un camión y partieron rumbo hacia el mercado de esclavas. El viaje fue muy largo y con muchas dificultades porque viajaban en caminos de tierra y a veces el vehículo se movía sin control debido a las huellas profundas dejadas durante lluvias torrenciales. Se empantanaron dos veces.

Solamente una vez les llevaron agua para que bebieran. Isabel al igual que las otras jóvenes estaba deprimida, no sabían cuál sería su destino. Esa preocupación las unió, se sintieron como si fueran hermanas. Isabel se preguntaba,

"¿Dónde estará mi hijo?"

El viento se llevó las cenizas

Cuando llegaron, fueron directamente a una casa ubicada lejos de la ciudad. Allí las jóvenes descansaron durante dos días.

Antes de ir a la sala de subasta las maquillaron para que parecieran frescas y bellas. Estaban vestidas con los vestidos holgados que Iván les habían dado. También las revisó un médico y les informó que Alada y Mabel eran vírgenes y que todas tenían buenas dentaduras. No tardaron mucho en llevarlas a la sala de subasta donde había muchos hombres, casi todos eran mayores y algunos eran ancianos.

La primera en ser subastada fue Daniela, un sultán dio un precio alto y la compró casi inmediatamente. El mismo sultán compró a Mabel. Alida y Hanna fueron comprada por un comerciante brasileño. El hombre que compró a Isabel era el dueño de un prostíbulo. Mabel tenía que irse con el sultán y Alida con el comerciante brasileño. Las dos hermanas reaccionaron gritando y pidieron que no las separaran. Aunque no hablaban el idioma, todos comprendieron que no querían separarse. A pesar de gritar e implorar el sultán, uno de los ancianos, se fue con las dos esclavas que había comparado, separando a las dos hermanas.

Isabel, lloraba desconsoladamente, no sabía cuál era su destino, no sabía quién la había comprado y tampoco sabía que la habían comprado para ser unas cortesanas de un prostíbulo. Lo único que sabía era que estaba sola y tenía miedo. El dueño del prostíbulo se acercó y le dijo,

"Primero quiero que sepas que mi nombre es Pietro. También quiero que recuerdes que no te vas a llamar más Pavla, ahora tu nombre es Isabel, recordalo bien. Vamos a ir a un lugar donde todos hablan español, olvidate de tu idioma, de tu familia y de quien eras, ahora sos una esclava y no tienes identidad."

Isabel bajó la cabeza y no dijo nada, estaba aterrorizada y no podía articular ninguna palabra. Pensó que la iba a llevar a un prostíbulo en España.

Pietro la tomó de un brazo, prácticamente la arrastró por las calles. Un hombre los vio trató de interferir, pero Pietro lo golpeo con la culata de su revolver. Siguieron caminado hasta que llegaron a un lugar donde estaba estacionado un camión. La forzó a entrar en la caja. Isabel pensó que estaría sola, todo estaba obscuro. Después de unos minutos sintió una mano que estaba tocando la suya y le dijo,

"Hace dos días que estamos aquí, me llamo Manón, nací en Francia y tengo 23 años. ¿Tú sabes dónde estamos o adónde vamos?"

Pavla estaba aterrorizada, la presencia de Manón la tranquilizó un poco, pero aún seguía teniendo miedo. Casi llorando le dijo,

"Me llamo Pavla soy búlgara, Pietro el desgraciado que me puso en este camión, cambio mi nombre; ahora me llaman Isabel. El dice que soy su esclava."

Estaba obscuro dentro de la caja, solamente sintió las manos de Manón apretando las suyas. Creyó que eran las únicas que estaban en el camión. Ambas hablaban español, aunque, ninguna de las dos lo hablaban bien, pero pudieron comprenderse. Pavla le dijo,

"Manón por lo que me dijo Pietro creo que vamos a un lugar de habla española. ¿Qué te pasó, como fue que te trajeron aquí?"

Manón estaba triste, lagrimas corrían por sus por sus mejillas, tomó un respiro profundo y dijo,

"Estaba de vacaciones con mi marido y mi hijo en Estambul. Salí temprano del hotel para caminar como lo hacía todos los días en mi casa. La calle estaba solitaria. No estaba muy lejos del hotel, un hombre se acercó para ofrecerme joyas. No tenía intención de comprar nada, pero me distraje y no vi a dos hombres que se acercaron rápidamente, me arrastraron y me pusieron en un coche, los dos hombres me sujetaban para que no me escapara. Todo ocurrió muy rápido. Al principio me pusieron en un galpón y varios días después me pusieron en esta caja. Solamente me sacaron dos veces para caminar y darme de comer, también dejaron estas botellas con agua. Creo que van a traer más mujeres y que nos van a llevar muy lejos. ¿Tú sabes porque estamos?"

"Por lo que Pietro me dijo, somos sus esclavas y vamos a ser cortesanas en algún prostíbulo."

Manón estaba aterrorizada y dijo,

"N'est pas possible, il s'agit une journée noire per moi."

Isabel estaba cansada por todas las emociones vividas en el mercado se apoyó en la pared y se quedó dormida. Manón dijo,

"Tengo miedo por todo esto que nos está pasando, no sé si algún día podremos liberarnos, por ahora sé que tenemos que unirnos, ser amigas, aunque solo sea para consolarnos.

Isabel no respondió, Manón comprendió que su nueva amiga y compañera en desgracia se había quedado dormida.

Pasaron varias horas, el ruido de una puerta que se habría y la luz que penetró en la caja, la despertó abrió los ojos, pero la intensidad de la luz la deslumbró. El hombre que abrió la caja del camión les dijo,

"Es hora de que hagan un poco de ejercicio, bajen del camión y vayan a caminar, después van a comer."

Se sintieron mejor después de caminar afuera de la caja. Cuando volvieron se sintieron deprimida, especialmente cuando todo volvió a estar obscuro.

Pasaron muchas horas, no sabían si aún era de día, la puerta del camión se abrió. Un rayo de luz penetró en la caja, encandilándolas, no pudieron ver que tres mujeres entraron en el camión. Una de ellas dijo,

"¿Porque nos trajeron aquí?"

Isabel quiso responderle, pero primero le preguntó,

"¿Cómo te llamas? Yo estoy aquí y me llevan como esclava blanca para venderme en un mercado. ¿Sabes dónde estamos, estamos cerca de alguna ciudad?"
"Soy de Barcelona, y me llamo Eliza. Dos hombres me sacaron de mi casa cuando mis padres estaban ausentes."

Las otras dos mujeres no dijeron nada, pero estaban llorando. Poco a poco Isabel pudo verlas. Eran jóvenes, aunque, parecían que estaban enfermas, podía apreciarse que eran atractivas. El color de la piel de una de ellas era obscuro, pensó que era una joven africana.

Después de unas horas, el camión comenzó a moverse, después de hacer varias maniobrar, parecía haber entrado en una ruta. Se desplazaba a una velocidad constante, hasta que llegaron a un lugar dónde el camión paró. No tenían idea donde estaban. Permanecieron en silencio tratando de escuchar algo que les diera una idea donde estaban.

Escucharon bocinas de barcos. Manón dijo,

"Creo que estamos en algún puerto"
"Si, creo que estamos en el puerto de la Bahía de Cádiz" dijo Eliza.

La puerta de la caja se abrió Pietro entró y les dijo a las cinco mujeres.

"Quiero que sepan que en unas horas vamos a partir con destino a Brasil, y ustedes menos Isabel, se van a quedar en Rio de Janeiro. En el puerto un hombre y una mujer las van a estar esperando. Y a ti Isabel te vamos a llevar a Buenos Aires. Durante el viaje, van a poder caminar en la cubierta de barco, pero no quiero que en ningún momento ustedes hablen con nadie, manténganse juntas, si desobedecen las echamos al mar; estoy seguro que hay tiburones. Aquí van a estar bien atendida, tendrán buena comida y van a descansar. Quiero que cuando lleguemos a nuestro destino ustedes estén atractivas y sobre todo saludables. Cuando el barco esté lejos de la costa, ustedes van a poder ir a sus cabinas. Yo voy a estar en el barco, pero ustedes no me van a ver y no traten de ponerse en contacto conmigo. Matilde, una mujer que trabaja conmigo las va a acompañar durante todo el viaje."

Las cinco mujeres estaban recostadas sobre la pared de la caja, Manón se levantó y caminó hacia él, cuando estuvo cerca se arrodilló e imploró.

"Por favor déjeme estar con Isabel. No me deje en Brasil, lléveme a Buenos Aires."

Pietro la empujó con desdén y salió de la caja.
Las cinco mujeres permanecieron en silencio,
estaban trastornadas y tenían miedo.
Estuvieron juntas hasta que sintieron que la
nave se movía.

Manón, dijo casi con alivio,

"Dentro de poco vamos a poder salir de
esta caja, vamos poder caminar en la
cubierta del barco, si seguimos aquí nos
vamos a enfermar. Tenemos que hacer
algo."
"No te olvides que pronto vamos a ir a
bordo, y vamos a estar al aire libre." Dijo
Isabel.

Para las jóvenes el tiempo pasaba lentamente.
Casi al anochecer, La puerta de la caja se
abrió y una mujer alta y robusta de cabello
negro, estaba parada cerca del camión. La
mujer les dijo usando un tono de vos alto y
rudo,

"Soy Matilde, estoy a cargo de ustedes o
sea que ustedes tienen que obedecerme.
Si necesitan algo me lo piden a mí. Ahora
salgan calladas de la caja, quiero hacerles
unas preguntas. Díganme su nombre a
medida que salen de la caja."

El viento se llevó las cenizas

Con dificultades salieron, uno de los marineros las ayudó, miraron alrededor solo vieron agua. El buque se desplazaba lentamente. Mientras salían, cada una fue diciendo su nombre.

"Isabel"
"Manón"
"Eliza"
"Inés"
"Alicia"

Matilde miró a las jóvenes con desprecio y con voz ruda les dijo,

"Ustedes van a estar conmigo hasta que lleguemos a Rio de Janeiro. Hicimos arreglos para que estén en dos cabinas. Inés y Eliza van a estar en la misma habitación, Manón y Alicia en la otra. Ahora si ustedes quieren pueden caminar en la cubierta, cuando sea de noche vamos a cenar juntas."

Matilde miró a Isabel y le dijo,

"Isabel, tu quédate aquí, tengo que hablar contigo."

Isabel la miró con sorpresa, pero no dijo nada, no sabía que pensar, se preguntó así misma.

"¿Cuál era la razón por la que ella quería hablar conmigo a solas?"

Después que las cuatro jóvenes se fueron, Matilde le dijo,

"Isabel tienes suerte, El señor Pietro, quieres que vayas a su cabina. Ahora te voy a acompañar, él te está esperando. No te olvides que tú eres su esclava y vas a tener que hacer lo que él te diga."
"¿Y eso que significa Señora Matilde?".
"No seas ilusa, esta noche vas a ser su amante. Vamos, no tengo tiempo que perder."

Caminaron hacia donde estaban las cabinas de primera clase hasta que llegaron en la que estaba Pietro.

Capítulo 8 – La vida de Pavla cambió

Dentro de unos días vamos a
llegar a mi casa y quiero que
también sea tu casa

Matilde e Isabel entraron en la cabina de Pietro, El estaba sentado en un sofá fumando un cigarrillo. Cuando las escuchó entrar, dijo,

"Gracias Matilde, ahora puedes irte. Isabel tú te quedas, siéntate en ese sofá frente a mí. Tenemos que hablar."

Isabel, estaba sorprendida por la manera que la estaba tratando. Hacía mucho tiempo que no se sentaba en un sofá. Pero no tenía ninguna idea porque la estaba tratando en forma tan amable, se sentía extraña, le dijo,

"Señor Pietro no sé de qué quiere usted hablar conmigo."

Pietro la miró, como si la estuviera idolatrando. Se sintió atraído por la belleza de Isabel, sentía como que ya había comenzado a amar a esa joven. Le dijo,

"Dentro de unos días vamos a llegar a mi casa y quiero que también sea tu casa. Antes que lleguemos quiero que me cuentes porque estabas con gitanos, tu no actúas como una gitana."

Isabel bajo la cabeza y no dijo nada, tenía miedo.

Pietro, miró sus ojos, y con vos dulce, como si estuviera saliendo de su corazón, le dijo,

"Isabel quiero que sepas que estoy enamorado de ti, y que te voy a proteger contra todo, además, no quiero que ningún hombre se acerque a ti. Espero que un día correspondas mi amor y me ames. Sé que vas a necesitar tiempo, pero voy a ser paciente contigo. Cuando lleguemos a nuestra casa, tú verás lo que puedes hacer. Recuerda, no quiero que ningún hombre te toque."

Isabel recordó como la atacaron cuando estaba con Bernardo y cuando él la compró, sabía que nunca podría amar a ese hombre, sufrió mucho a cause de él. Le dijo,

"Señor no puedo amarlo, porque estoy forzada a estar aquí, y no tengo a mi hijo cerca mío, es una situación dolorosa para mí. Estar aquí, es la manera cruel que usted se impone a mi voluntad y eso no me permite buscar a mi Martin."

Pietro escuchó con paciencia, y le dijo.

"Isabel quiero que pienses que en un futuro conmigo, podríamos ir a buscar a tu hijo. Ese será el día que tu sepas que me ames y además sé que siempre vas a querer estar conmigo. Te puedo asegurar con certeza de que tu hijo no está más con los gitanos. Es posible que lo hayan dejado abandonado en el umbral de alguna casa o en orfanato. Te prometo que juntos lo vamos a encontrar."

Isabel pensó que estaba en una situación difícil, se preguntó

"¿Cómo puedo amar al hombre que me tiene como esclava en este lugar?"

Además, pensó que ese hombre en ese mismo instante podría abusarse de ella, estaba confundida. Pietro tomó su mano y le dijo,

"Isabel te he comprado ropa para que estés presentable cuando vayamos a cenar en el comedor para pasajero de primera clase. Mientras cenamos me vas que decir como podrías hacerme ayudarme en mi negocio. Ahora te dejó sola para que te bañes y te vistas con uno de los vestidos que hay en el armario; son todos tuyos."

El viento se llevó las cenizas

Pietro cerró la puerta del dormitorio. Isabel caminó en la habitación de pared a pared; notó que estaba delicadamente decorada, también notó que la cama era grande. Pensó que esa noche tendría que dormir con él. Sabía que no tendía otra alternativa, ese era su futuro. Se sentó en la cama y se quedó pensando.

Cuando Pietro volvió a la habitación, ella estaba en el medio de la sala, se acercó a ella y con vos suave le dijo,

"Mi amor estáis preciosas."

Pietro vio a Isabel como una distinguida dama. Le dijo,

"Isabel durante la cena me gustaría saber más de ti."

Antes de salir, sacó una rosa del vaso que estaba en la mesa ratona y se lo dio. Isabel la tomó en sus manos y la prendió en la parte superior de su vestido, se sintió alagada y tranquila. Isabel lo miró y cálidamente le agradeció su gesto.

Por primera vez después de mucho tiempo sentirse abandonada se encontraba en un que siempre perteneció; estaba en un restaurante de primera clase. Pietro, fue muy galante y en todo momento, la trató como una dama. le preguntó.

"Isabel me podrías contar de tu vida. Dime cómo fue que Iván te capturó y te vendió como esclava. ¿Qué paso en tu vida?" "Es doloroso recordar, lo que he sufrido después que me escapé de mi casa y sobre todo el dolor de perder a mi hijo.

Pietro estaba intrigado quería saber dónde dejó a su hijo, y cómo fue que lo abandonó. Le dijo,

"Por favor Isabel cuéntame lo que pasó, quiero saber todo, Iván me dijo que tú eras una gitana."

No quería decirle que ella era la legendaria Gitana Rubia. Pero después que escuchó lo que Iván le había dicho que era una gitana, decidió contarle todo lo que le paso desde que Kavi y Sounya la encontraron tirada en la ruta. Pensó que lo mejor era contarle desde que supo que estaba enamorada.

"Pietro, cuando estaba en la casa de mis padres me enamoré del hermano de una amiga, estábamos enamorados, era un amor de adolescentes. Después de un tiempo quede embarazada. Cuando mi padre se enteró que estaba esperando un niño, me tuve que ir de mi casa porque me amenazó; me dijo que me iba a matar junto con mi amante. El día que me escapé caminé a la deriva, no recuerdo bien cuantos días pasaron hasta que dos gitanos me encontraron tendida al costado de la ruta. Ellos me cuidaron hasta que tuve a mi niño. Una semana después que me encontraron, escuche las notas de un violín interpretada por uno de los gitanos, bailé al compás de música. Así fue como nació la gitana rubia. Sabía bailar porque mis padres me habían enviado a España para aprender a bailar las danzas clásicas.

"¿Te gustaría bailar mañana durante la cena? le puedo pedir al Capitán, estoy seguro que todos los pasajeros se van a deleitar cuando te vean bailar. ¿Quieres que hable con el Capitán?"

Isabel se sonrojó, nunca había pensado bailar en una sala enfrente a pasajeros de primera clase.

"No sé, no creo que con este vestido pueda bailar. Cuando bailaba con los gitanos tenía una blusa y faldas sueltas, además bailaba descalza."
"Isabel por la vestimenta no te preocupes estoy seguro que aquí vamos a encontrar

lo que necesitamos, le voy a pedir a Matilde que se ocupe de eso."

Después que terminaron de cenar, caminaron y se pararon en la cubierta del barco para admirar el paisaje romántico de la noche, Pietro tomó la mano de Isabel, la oprimió y le dijo.

"Isabel sos una mujer muy bella, creo que estoy enamorando de ti."

Isabel, suavemente retiró su mano, y le preguntó,

"¿Cómo puedes amarme si soy tu esclava? y no te olvides que voy a ser una de las mujeres de tu prostíbulo. Cuando lleguemos voy a ser una cortesana, y muchos hombres pasaran por mi vida. No entiendo como dices que te estas enamorando de mí."

Pietro la miró, por instante permaneció en silencio, era como si estuviera pensando una respuesta y le dijo,

"Isabel estoy tratando de conocerte mejor, por eso voy a hablar con el Capitán para que bailes mañana por la noche, estoy pensando que podrías ser una bailarina y no una cortesana en mi negocio."

Pietro la acompaño hasta la cabina de Matilde, antes de irse le dijo,

"Te vas a quedar a dormir con Matilde, mañana le voy a pedir que te compre ropa para que puedas bailar."

La noche siguiente durante la cena, el Capitán del barco se levantó y anunció,

"Estimado pasajeros aquí tenemos entre nosotros una joven que nos va deleitar bailando *La Habanera*, Por favor señorita Isabel acérquese al escenario."

Todos los pasajeros aplaudieron, Isabel no sabía qué hacer, fue una sorpresa para ella, caminó despacio hasta que llegó al centro del escenario. El Capitán del barco, se alejó, dio la señal para que la orquesta comience a interpretar La Habanera. Cuando Isabel escuchó las primeras notas, se transformó en una persona segura de sí misma y comenzó a cantar y dar los primeros pasos. Pietro observaba como Isabel bailaba, al igual que todos los pasajeros, estaba gozando la performance de la mujer que amaba.

Cuando Isabel finalizó la danza todos los espectadores la aplaudieron efusivamente, había bailado como si ella fuera la verdadera habanera de la ópera Carmen. Parecía que cada paso que bailaba estaba dirigido a ese hombre, era como si le estuviera diciendo que era suya. Isabel supo que estaba enamorada de Pietro. Esa noche para ella fue el inicio de un futuro distinto del que Pietro había pensado.

Cuando se dirigía hacia la mesa donde estaba Pietro, una de las pasajeras se acercó, y le preguntó.

"¿Pavla donde aprendisteis a bailar tan bien?"

Cuando escuchó ese nombre, por un momento se alegró de verla, pero reacciona como si ese no era su nombre porque tenia miedo de la reacción de Pietro. Miró a la mujer, la reconoció, era Sarah, una de las amigas de su madre y le dijo,

"Señora me parece que usted está confundida mi nombre es Isabel y estoy de viaje con mi esposo, además no me llamo Pavla."

Pietro creyó que podía atraer más clientes en su negocio si la incluía en las presentaciones musicales del prostíbulo. Pensó que la llamaría la gitana rubia, sería muy provocativo para los hombres.

El viento se llevó las cenizas

Esa noche Isabel sintió que el amor había llegado a su corazón. Caminaron juntos tomados de la mano, fueron directamente a la habitación de Pietro. Esa noche su vida cambio.

Capítulo 9 - Madame Isabel

"Hermano, no te preocupes, esa hembra va a ser mía, tu vera."

Después de esa noche Isabel y Pietro pasaron todo el tiempo juntos hasta que llegaron al puerto de Buenos Aires, hicieron planes, ella quería bailar y entretener con sus bailes a los clientes del prostíbulo. Pietro quería que ella se ocupara de que las cortesanas cumplieran con sus obligaciones y atendieran bien a los clientes y sobretodo que no hubiera quejas o disturbios.

Después que desembarcaron, Pietro se encontró con su hermano Joseph y junto emprendieron viaje hacia el prostíbulo. Matilde se quedó en Buenos Aires. Cuando llegaron al burdel eran las últimas horas del atardecer. Joseph miró el reloj y dijo,

"Ya es la hora de que los clientes tienen que estar llegando, espero que todas nuestras amiguitas estén listas para recibirlos."

Isabel quería saber cuántas cortesanas vivían en el prostíbulo, preguntó,

"¿Pietro cuantas cortesanas hay en el burdel?"

"Cuando salí de viaje teníamos ocho cortesanas, ahora no se. Hay alguna que se ha ido y nueva que han venido. Algunas se ofrecen voluntariamente."

Joseph, miró a Isabel, hizo un gesto de admiración y sonriendo le preguntó."

"¿Y tú dulzura de dónde eres? por lo que veo vas a tener muchos admiradores y uno de ellos voy a ser yo, eres muy bella, y muy sensual."

Isabel se sintió incomoda, respondió titubeando,

"Soy de Bulgaria."

Pietro se puso serio cuando escuchó el comentario de Joseph, y como si estuviera protegiendo su propiedad le dijo,

"Joseph, lo que te voy a decir ahora te lo voy a decir solamente una vez. Isabel nunca será una cortesana como son las otras, es más Isabel nunca va ser tocado por ningún hombre; y por, sobre todo, tú la vas a respetar. Esta es la primera y última vez que le hablas de la manera que le hablaste. Ella va a estar encargadas de todas las cortesanas. Además, Isabel es una buena bailarina. Su apodo va ser de ahora en adelante *La Adorable Gitana Rubia.* Sera la habanera de Carmen. Desde mañana le voy a enseñar los pasos del tango, y cuando la aprenda, vamos a bailarlo juntos en el escenario.

Joseph escuchó lo que su hermano mayor le dijo,

"Está bien hermano, veo que es tu mujer, hasta que te canses de ella."

Pietro entró con Isabel en el bar, Joseph se quedó en la sala. Vio a su hermano entrar en el bar y cuando desapareció casi murmurando dijo,

"Hermano, no te preocupes, esa hembra va a ser mía, tú vas a ver."

Pietro pensó que Isabel estaría cansada, y que posiblemente quería descansar, le dijo,

"Isabel si tú quieres puedes a tu cuarto para descansar."

Llamó a la Madama y le dijo,

> "Irene por favor acompaña a la señorita Isabel a uno de los cuartos de huéspedes y no quiero que la molesten."

Isabel quería quedarse con Pietro, pero el insistió para que vaya a descansar, le dijo

> "A lo mejor esta misma noche vas a poder bailar en el salón. Irene se sentía incomoda, no podía comprender porque Isabel no iba a dormir en una de las habitaciones donde duermen las cortesanas, le dijo,

> "Pietro, los cuartos para huéspedes están reservados para los clientes. Isabel va a tener que dormir en el mismo lugar que duermen las otras, estoy segura que eso es lo Joseph quiere."

Pietro se puso furioso cuando escuchó el comentario de Irene y con voz soberbia le dijo,

> "Irene, escuchá bien lo que te voy a decir, aquí las ordenes las doy yo, y tú te acatas a ellas. Isabel va a dormir en una de las habitaciones de huéspedes, eso no se discute. Ella va ser una bailarina, por lo tanto, ella está por encima de todas las cortesanas, inclusive de ti. Ahora

acompañala a su cuarto y después ocupate de tus cosas."

Isabel se sintió protegida por ese hombre, aunque no lo conocía bien. Juntas caminaron hasta que llegaron a la puerta de uno de los cuartos de huéspedes. Isabel entró en la habitación, vio que la puerta no tenía llave para cerrarla. Salió inmediatamente de la habitación y en vos alta le dijo a Irene,

"Esta puerta no tiene llave, quiero cerrarla."

Hablando con crueldad, le dijo como si la estuviera amenazando.

"En este lugar las puertas no se cierran. Mirá mosquita muerta vos podrás embabucar a Pietro, pero a mí no me engañas, aquí vas hacer lo que yo diga, porque eres una puta como todas las otras que están aquí."

Isabel había notado la mirada de buitre de Joseph y tenía miedo que viniera a verla durante la noche. Entró en la habitación, cerró la puerta y la trabó con una silla. De esa manera quien quisiera entrar tendría que forzar la puerta y hacer ruido.

Descansó solo dos horas. Se vistió y fue al salón, bajó las escaleras lentamente. Irene la vio entrar, caminó hacia ella y cuando estuvo cerca, le dijo,

"La princesa se dignó a bajar para trabajar, ahora te traigo un cliente para que lo entretengas."

Isabel pensó que estaba atrapada, pensó que su única alternativa era volver a su cuarto. Comenzó a retirarse cuando escuchó la vos de Pietro anunciando la presencia de la gitana rubia

"Amigos de nuestra casa, hoy tengo el honor de presentar a nuestra estrella búlgara, la adorable gitana rubia, hoy nos va a deleitar bailando la czárdás.

Miró hacia donde estaba la orquesta y le dijo al violinista,

"Por favor maestro, interprete las czárdás húngaras de Monti."

Pietro, extendió su mano y tomó la de Isabel y le dijo,

"Mi gitana ven al escenario y encantanos con tus maravillosos pasos."

Isabel caminó hacia el medio del escenario y comenzó a bailar. Los ojos de los clientes estaban filos en ella. La miraban como si fuera una diosa rubia.

Pietro la miraba como si estuviera fascinado viéndola bailar, no pude resistir la tentación, se sacó la chaqueta y fue al medio del escenario y comenzó a bailar con ella. Ambos parecían una pareja de gitanos que estaban entreteniendo a los espectadores. Cuando estuvo cerca de ella le dijo en el oído,

"Esta noche vienes a mi habitación te voy a estar esperando."

Mientras Isabel y Pietro estaban bailando. Joseph escondido detrás de una columna los estaba observando. Casi murmurando dijo,

"Te voy a esperar gitana hasta que estés sola, esta noche vas a ser mía."

Isabel estaba cansada, cuando terminó de bailar, se sentó en uno de los sofás. Joseph la estaba observando, se acercó dónde estaba Irene y le dijo,

"Irene, Isabel no puede estar aquí, dile que se vaya a su habitación,"

Irene caminó hacia donde estaba Isabel y le dijo,

"Sino vas a entretener a ningún cliente es mejor que te vayas a tu habitación, porque aquí vas a ser una distracción."

Isabel comprendió lo que Irene le había dicho. Fue caminada en uno de los corredores que la llevaba a su cuarto. Joseph la siguió hasta que la alcanzó, la tomó de un brazo y la forzó a seguirlo. Ella quería escaparse, pero Joseph era fuerte, cuando llegaron al patio gritó, los perros comenzaron a ladrar ferozmente.

Pietro escuchó a los perros ladrar, pensó que alguien estaba alrededor de la casa, fue a su escritorio; sacó un revólver de uno de los cajones, se fijó si tenía balas y salió en dirección donde los perros estaban ladrando. Vio a su hermano que estaba arrastrando a Isabel y gritó,

"Parate o disparo, ¿Cómo te atreves? Te advierto, no sigas."

Joseph continuó arrastrándola, estaba seguro que su hermano nunca le dispararía, pero solamente camino unos pasos y escuchó un disparo, se cayó, la bala había penetrado en el muslo de la pierna izquierda. Isabel corrió hacia donde estaba Pietro e Irene. Cuando estuvo cerca, Irene dijo,

"Yo sabía que esta perra iba a traer problemas entre los hermanos."

Pietro estaba furioso casi no podía controlarse, apuntó el revólver para dispararle en la cabeza de su hermano, pero se contuvo, y le dijo,

"No te mato porque eres mi hermano, andate de este lugar y no vuelvas más, porque si te entras al salón vas a pagar con tu vida."

Pietro llamó a uno de los guardianes y le dijo,

"Mario, quiero que lleves a mi hermano a un médico en el pueblo más cercano. Después dejalo en un hotel. No quiero que vuelva a pisar esta casa, te hago responsable de eso."

El incidente entre los hermanos y el hecho de que Joseph no pudo escaparse, la preocupó, porque en ese momento comprendió que nunca podría escaparse y ser libre. Se vio como si estuviera enterrada en ese lugar y nunca vería la luz de su libertad.

Estaba temblando, tenía miedo de que Pietro pensara que fue ella quien le había pedido a Joseph que la sacara de ese lugar. También tenía miedo de la reacción de Irene. En vez de ir a su cuarto fue al de Pietro y esperó por él.

El viento se llevó las cenizas

Cada día que pasaba veía todo como si fuera una pesadilla, pero ella lloraba por su futuro.

Capítulo 10 – Veinticinco Años más Tarde

El tiempo dejó huellas escondidas en el camino de su vida.

Isabel ya no pensaba más en su pasado, tampoco pensaba en su futuro porque siempre tenía en su mente que nunca saldría de ese lugar, por eso nunca hizo planes para escaparse. Vivió resignada por muchos años.

Después de unos años ya no bailaba más, La gitana rubia ya era para algunos una leyenda y otros la olvidaron. Ya no era más la concubina de Pietro. Él viajaba frecuentemente a distintos lugares del mundo para traer cortesana. Los clientes siempre comentaban sobre la belleza de las mujeres asiáticas, pero pensaban que eran frágiles.

Isabel siempre pensaba en su hijo y se imagina que ya era un hombre, pero solamente tenía la imagen del bebe que había abandonado, no podía imaginarse como sería, pensó que podría buen mozo como era Alberto. Escribió muchas cartas a sus padres, pero nunca las envió. Sentía vergüenza de que sus padres se enteraran de cuál era su vida.

Durante esos años nada cambió, Pietro traía cortesanas, siempre él era el primer amante de ella, y después de un corto tiempo las relegaba al grupo de las cortesanas, como había hecho con ella. Un día Irene intentó escaparse durante la noche, pero lo perros la atacaron. Pietro no hizo nada para rescatarla porque quería que ninguna intentara escaparse. Esa noche todas las cortesanas conocieron como Irene murió, la noticia las aterrorizó.

El trabajo era intenso, solamente descansaban los días que los clientes no visitaban el prostíbulo. Siempre había momentos difíciles, especialmente cuando algunas de las esposas encontraban a su marido en cuartos privados con cortesanas. También hubo peleas entre hombre cuando deseaban la misma cortesana.

Verna llegó al prostíbulo varios durante de la invasión de millones de langosta, muchos de los clientes no visitaron el prostíbulo debido a la crisis económica producido por la peste. Isabel no la forzaba a que atendiera clientes porque el prostíbulo estaba vacío.

Su situación era diferente de la mayoría de las otras jóvenes que llegaban a un prostíbulo. Ana estaba trastornada por la acción villana del marido y hubo momento en que sufría depresión.

El viento se llevó las cenizas

Isabel recuerda haber visto en la oficina de Pietro a un joven muy buen mozo. No supo de que hablaban, solamente escuchó que la mujer que iba a traer era de nacionalidad búlgara. Esa joven era la primera mujer de origen búlgaro que habían traído al prostíbulo después de ella.

La mañana que abandonó a Verna. David fue al salón después de beber varias copas de vino. Estaba alegre, hablaba y cantaba en búlgaro. Se acercó a Isabel, puso un brazo en su hombro y le dijo,

Вие сте много хубава жена. (Eres una mujer muy bonita),

Isabel sonrió, esas fueron las primeras palabras búlgaras que había escuchado desde que vivía en ese calvario. Sonrió, se sintió alagada. David murmuró,

"Señora, tengo un anillo muy valioso y quiero venderlo. Usted conoce a alguien que quiera compralo."

David sacó de su bolsillo un anillo hecho con oro blanco, tenía varios diamantes engarzados. Isabel pensó en los anillos que usaba su madre. Sin pensarlo dos veces, lo compró con el dinero que algunos clientes le habían dado.

El viento se llevó las cenizas

El día después que Verna había llegado al prostíbulo, Isabel fue a verla. Al principio no tuvo ninguna simpatía por ella. Verna lloraba por su desgracia; Isabel no se inmutaba al escuchar cuando la joven contaba su historia, estaba inmune a ese tipo de historias, había escuchado tantas versiones de como otras jóvenes habían llegado al burdel. Pero la joven que tenía enfrente de ella estaba hablando su idioma, era de su tierra, en ese momento ella recordó cuando había llegado al prostíbulo. Recordó como Irene la había tratado; sintió lastima por la joven y por ella misma. Isabel estaba decidida a protegerla de las crueldades de los hombres que visitaban la casa del placer. No sabía cómo lo iba a hacer, pero tenía que protegerla. Lo primero que pensó fue ponerla a trabajar en el bar para que sirva bebidas a los clientes y no fuera una cortesana.

La noche siguiente dos jóvenes que nunca había visto, entraron en el salón. Uno de ellos la impresionó, no sabía porque, pero cuando miró sus ojos, sintió como si un escalofrió había corrido por todo su cuerpo. No supo porque había reaccionado de esa manera.

Uno de los jóvenes le dijo,

"Me llamo Antonio, y esta noche quiero que me presentes a la más bonita de tus chicas."

Isabel lo miró, sonriendo mientras le decía,

"Muchacho te voy a presentar a Rita, ella es la princesa de este lugar."

Tomó su mano y le dijo,

Acompáñame, está sentada en ese sofá."

Caminaron hacia donde estaba Rita, y Zhora, volvió a tomar la mano de Antonio y después tomó la mano de Rita y le dijo.

"Rita este joven se llama Antonio, él te eligió cuando te vio, tienes que tratarlo como uno de los mejores clientes de la casa."

Sin hablar una palabra, Rita y Antonio caminaron en dirección a una de las habitaciones de huéspedes. Isabel le pidió a Ana que les sirva un vaso de vino y que les lleves la botella a la habitación.

Esa fue la manera como Isabel protegió a Ana, estaba segura que el joven la hubiera elegido a ella.

El viento se llevó las cenizas

Después que Ana se fue, Isabel caminó hacia donde estaba el otro joven. Cuando lo volvió a ver sintió el palpitar de su corazón, cuando sus miradas se encontraron, todo fue como un impacto que la dejó temblando, se quedó como paralizada, no podía pensar, tampoco podía hablar, sintió una especie de ternura dentro de ella, quería abrazarlo, hasta pensó que tenía los mismos ojos que su Albert, su primer amor. Por un momento debe haberse imaginado que ese joven era su parte su viva, de su primer amor. Pero se dio cuenta que lo que sentía por ese joven era un sentimiento maternal. Volvió a repetirse así misma

"No sé qué me pasa, es la primera vez que me siento así"

Pasaron unos segundos antes de que recobrara la calma, le dijo,

"Para usted tengo a una joven de Yugoeslavia. Se llama Zhora, estoy segura que le va a gustar mucho."

Martin antes de sentarse en uno de los sofás, abrió el saco y la medallita que llevaba colgado en su cuello quedo expuesta.

Isabel la reconoció, ya no tenía dudas, era la misma que ella había puesto en el cuello de su hijo el día que nació. Quería gritar,

El viento se llevó las cenizas

"Es mi hijo, es mi hijo, finalmente lo encontré."

No sabía que decir, no podía creer que después de tantos años de sufrimiento, el niño que había dado a luz estaba en enfrente de ella, era su hijo. Lo único que se le ocurrió pensar fue quien le había dado esa medallita. Con candidez sin pensarlo le preguntó,

> "Joven que linda medallita tiene, ¿Quién se la dio?"
> "Señora esta medallita la tengo desde que nací. Me llamo Martin y mi nombre está grabado en la otra cara de la medalla."

El joven le contestó en búlgaro y le dijo que se la había dado su madre el día que nació. Isabel supo que ese joven era su hijo. Tuvo miedo de decirle que ella era la madre porque pensó que él podría tener rencor, porque debe haber tenido la convicción de que su madre lo había abandonado. No sabía quién lo habían criado. Estaba segura que no fueron Kavi y Sounya, sabía que no había sido criado por los gitanos, no actuaba con las características típicas de ellos.

Pensó que Ana la podría ayudar, pero no sabía si la iba a escuchar. Pensó ir a hablar con ella, pero antes de ir le dijo al joven.

"Martin, prometeme que vas a volver mañana, te voy presentar a una de mis mejores huéspedes, se llama Ana, pero su nombre verdadero es Verna y es de Bulgaria, como tú y como yo. Vivía en Ruse.

Cuando Martin escuchó el nombre Verna, y que ella vivía en Ruse. Se puso pálido, pensó que podría ser su primer amor. Descartó la posibilidad porque pensó que ella se había casado y aún estaba viviendo con su marido en Bulgaria. No obstante tenia curiosidad de saber quién era esa mujer, y que hacía en un prostíbulo.

"Señora, me gustaría conocer a esa joven, sobre todo porque es búlgara y es de la ciudad donde me crie. Voy a volver mañana por la tarde."

Ahora sentía que no era más Isabel, volvió a ser Pavla. Se despidió de Martin, y fue directamente a la habitación donde estaba Verna.

Capítulo 11- Un Nino abandonado

"Que le debe haber pasado a esa pobre madre para que se haya vista forzada a abandonar a su hijo

Al día siguiente cuando Kavi y Sounya, vieron que Pavla no había regresado al campamento, se imaginaron que algo malo le había pasado porque Martin estaba descuidado. Era extraño porque ella siempre atendía al niño con devoción. No podían imaginarse que había dejado a su hijo abandonado. Además, no se había despedido de ellos. Sabían que se había ido con el joven militar que había estado bailado con ella. No tenían ninguna idea donde Pavla podría estar.

Pasaron varias horas, Kavi y su amigo Wesh fueron al poblado más cercano para averiguar si los jóvenes habían estado en ese lugar. Fueron a varios hoteles, en uno de ellos le dijeron que un joven militar llamado Bernardo de la Peña residía en ese hotel y que durante el atardecer del día anterior había llevado a su habitación a una gitana rubia. También le dijeron que antes del amanecer se habían ido, pero dejó su equipaje en la habitación.

Kavi pensó que algo raro le había pasado a la pareja porque el joven no volvió para recuperar el equipaje. Le dijo a Wesh,

"Es posible que ya han regresado al campamento, vamos, posiblemente Pavla ya está con su hijo."

Unos pocos kilómetros de las afueran de Ruse vieron gente aglomerada a un costado de la ruta. Siguieron caminando, hasta que llegaron al lugar donde vieron muerto al joven militar, que había estado con Pavla, aún tenía la pistola en su mano. El primer pensamiento que cruzó por la mente de Kavi was que Pavla también estaba muerta. Le dijo a su amigo,

"Los bandidos que mataron al militar también deben haber matado a Pavla o posiblemente la raptaron."

Wesh, sabía que mucha jovencitas fueron raptadas para venderlas como esclavas. Caminaron alrededor buscando algún indicio de Pavla, pero no encontraron nada, Welsh le dijo,

"Kavi me temo que a Pavla la han raptado los bandidos que mataron al soldado porque no hay ningún rastro de ella."

El viento se llevó las cenizas

Volvieron al campamento, como se habían imaginado, Pavla no estaba. Pensaron que Martin, necesitaba la atención de su madre. Cuando Sounya los vio llegar les preguntó,

"¿Supieron algo de Pavla? Él bebe estaba llorando, estaba segura que tenía hambre. Le pedí a Dika que le diera de mamar junto con su bebe."

Kavi estaba preocupado porque si Pavla no volvía, ellos serían responsable del bebe, además sabía que Dika no podía alimentar a Martin por mucho tiempo, tenía que encontrar otra solución. Le dijo a su esposa,

"Sounya, estoy pensando que vamos a hacer con Martin si Pavla no vuelve, realmente no creo que nosotros vamos a poder cuidarlo, además no creo que Dika le a poder dar de mamar por mucho tiempo, su bebe yo tiene siete meses."

Pasaron varios días Kavi and Sounya decidieron irse del campamento y pensaron que lo mejor que podían hacer era dejar a Martin en el umbral de alguna casa en el pueblo más cercano. Estaba seguro que alguien lo iba a adoptar, porque era bebe muy hermoso.

El viento se llevó las cenizas

Pavla había escrito una carta para su madre, le daba información sobre los primeros días de vida de Martin. La carta estaba dentro de un sobre sin dirección. Sounya cubrió al bebe con una manta que ella usaba durante las noches frías. Puso el sobre sobre el pecho del bebe.

Aún era temprano cuando llegaron al pueblo, Pararon la carreta en una de las esquinas. Kavi descendió con él bebe y caminó hacia la casa que tenía el jardín mejor cuidado. Cuando llegó a la puerta de entrada cuidadosamente dejó el pequeño bulto en el umbral y se fue corriendo. Martin continúo durmiendo. Sounya le dijo,

> "Ojalá el niño encuentre una familia que le dé albergo y lo quieran."

Kavi y Sounya se fueron rápidamente, unos minutos más tarde desaparecieron en el horizonte.

No pasó mucho tiempo después que el niño fue abandonado, cuando la puerta de la casa se abrió y una niña, de no más de 9 años, vio que en el umbral había un bulto. Entró corriendo en la casa hasta que encontró a su madre, si acercó a ella y le dijo,

"Mamá en el umbral hay un bulto, creo que hay un bebe adentro, está cubierto con una manta, vamos a verlo.

"Está bien Clara, mostrame donde vistes a ese bebe."

Juntas fueron a la puerta de estrada. Verónica era de altura mediana y tenía la apariencia de una típica ama de casa, era una mujer con buen corazón. Cuando vio al niño en el umbral se agachó y levantó el bulto y al mismo tiempo que se enderezaba dijo,

"Pobre bebe, ¿Quién pudo abandonar a este pobre niño? Debe tener hambre. Clara vamos adentro de la casa; antes que el niño se enferme.

Martin comenzó a llorar, parecía que tenía hambre o posiblemente estaba incómodo; necesitaba atención. Verónica le dijo a su hija,

"Clara cuida de este niñito mientras voy al altillo a buscar ropa tuya de cuando eras una bebita. Más tarde vamos a ir a comprar alguna ropita para él.

Verónica se fue. Clara abrió la manta para verlo, vio en el pecho del pequeño un sobre con la nota que Pavla había escrito para mandarle su madre. No quería leerla porque temía que a su madre no le iba a gustar, pero corrió hacia donde ella estaba con la carta en la mano, mientras le decía,

"Mamá mirá, encontré este sobre en el pecho del niño,"

Verónica tomó la carta y comenzó a leerla,

Septiembre 30 de 1905

Querida Mamá y Abuela.

Estoy pensando que quiero volver a mi casa y estar con ustedes. Espero que Papá me perdone. Sé que Martin tiene que criarse en un ambiente mejor que él está viviendo ahora. Tienes que verlo es un niño adorable.

Hasta pronto

Te quiero, Pavlina

Puso la carta dentro del sobre mientras lo cerraba pensó,

"Que le debe haber pasado a esa pobre mujer. Según lo que he leído en esta nota Pavlina tenía mucho cariño por su hijo. No creo que ella lo haya abandonado. Algo debe haber pasado."

Clara vio que su madre se puso triste mientras cuando estaba leyendo la carta y cuando vio que había terminado de leerla, le preguntó,

"¿Qué pasa Mamá porque estas triste?"
"Hija estoy triste porque este niño no tiene a la madre con él, está solo. El niño se llama Martin."

Clara se puso triste cuando su madre le dijo que Martin no tenía madre. Rápidamente, casi sin pensarlo le dijo,

"Mamá, vos podrías ser su madre y yo tendría un hermanito, recuerda que siempre quise tener un hermano y tu tendrás un hijo, entre las dos lo podemos cuidar."

Verónica, sabía que Clara quería tener un hermano porque siempre se lo pedía. A pesar de que a ella misma le hubiera gustado tener otro niño, no pude volver a concebir después de haber dado a luz a Clara. No estaba segura si Bladimir iba a permitir que Martin viviera en la casa con ellos. Le dijo,

"Clara tenemos que esperar hasta que Papá vuelva del trabajo. Por ahora lo vamos a dejar en uno de los sofás de la sala de espera."

El viento se llevó las cenizas

Clara tenía miedo de que el padre no le permitiera que Martin se quedara en la casa, ya le había negado tener un perrito. Fue a la escuela pensando que podía hacer para que Martin se quedara con ellos. Cuando volvió de la escuela lo primero que hizo fue ir a verlo, pero él bebe estaba durmiendo. Quería acariciarle la cabeza, pero se contuvo porque no quería despertarlo. Se quedó mirándolo con devoción; quería que fuera su hermanito.

Verónica, entró en la sala de estar y vio la expresión en la cara de Clara y pensó cuan lindo seria si ella se ocupara del niño, sería una transición entre sus muñecas y el día que ella tenga su propio hijo. Sonrió y le dijo.

"No lo despiertes, tu sabes que el pobre niño estuvo sometido a la tensión de no ser propiamente atendido, pobrecito debe haber estado muchas horas en la intemperie. Acabo de bañarlo, y se quedó dormido."

Clara se sentó en el sofá cerca de Martin, lo acarició suavemente y le dijo,

"No te preocupes hermanito, yo voy a hacer todo lo posible para que te quedes en esta casa. Le voy a rogar a mi Papá para que te deje estar con nosotros y yo te voy a cuidar."

El viento se llevó las cenizas

Bladimir llegó a la casa cuando estaba anocheciendo. Clara corrió hasta que estuvo cerca de él, lo abrazó efusivamente y le dijo,

> "Papá quiero que Martin se quede con nosotros, lo voy a cuidar."

Bladimir no sabía a qué se refería su hija, se sentó en uno de los sofás e hizo una señal para que Clara se sentará en el mismo sofá y le pidió que le cuente que había pasado y a quien quería tener en la casa. Pensó que habría encontrado algún perro vagabundo en la calle. le preguntó,

> "¿Clarita que es lo que quieres decirme?"
> "Papá hoy cuando abrí la puerta de la calle, vi en el umbral a un bebe envuelto en una manta de gitanos. Mamá lo trajo adentro de la casa. Sé que se llama Martin porque tenía una nota de la madre sobre su pecho. Papá Martin puede ser mi hermanito y yo lo voy a cuidar, te lo prometo."
> "Sé que lo vas a cuidar, pero primero quiero hablar con tu madre, estoy seguro que ya le has pedido que adoptemos a Martin."
> "Si Papá, le pedí a mamá y ella me dijo que te pregunte a ti."

El viento se llevó las cenizas

Bladimir se levantó y fue a buscar a su esposa, la encontró en la cocina preparando la cena. Cuando la vio con voz seria le dijo,

> "Verónica, Clara me contó que esta mañana encontraron a un bebe en el umbral de la puerta y que ese niño se llama Martin. Ella quiere que lo adoptemos. Decime que es lo que quieres hacer. Por mi parte te digo no podemos adoptar a ese niño, no estamos en condiciones económicas para mantenerlo."

Verónica sabía que ella no lo iba a convencer fácilmente. Sintió que ese niño necesitaba el cariño de un hogar. Temía que terminaría en un olfanato, y que nunca más iba a recibir una caricia. Le dijo;

> "Bladimir tengo la esperanza de que la madre se va a arrepentir de haber abandonado a su hijo y que va volver a buscarlo. Quiero que Martin esté una semana con nosotros para ver qué pasa."

 Bladimir sonrio, se dio cuenta que su esposa quería ganar tiempo, también se dio cuenta que ella queria que el niño se quedara con ellos, sabía que en una semana iba a encontrar alguna otra razón para que el bebe se quedara con ellos. Sonriendo le dijo,

"Esta bien el niño puede quedarse con nosotros por una semana."

Clara entró en la cocina, vio a su padre sonreir, pensó que sus padres habían decidido que Martin se quedaria en la casa. Sin decir una palabra, se acercó a sus padres los abrazó. Mientras Verónica la abrazaba le dijo,

"Hija, recordá que prometiste cuidar al bebe. Vamos a tenerlo por una semana, a lo mejor la mamá viene a buscarlo."
"Si mama lo voy a cuidar como si fuera mi hermanito."

Paso una semana, nadie reclamó al bebe. Clara rogaba que nadie viniera por el niño. Como les había prometido a sus padres, lo cuidaba muy bien. Bladimir, se había encariñado con él, pero no decía nada y su esposa no preguntaba, el niño se quedó con ellos,

El tiempo pasaba muy rápido porque todas las actividades eran programadas teniendo en cuenta a Martin.

Un día después que Martin cumplió dos años, Clara comenzó a pegar cartones en los muebles con los nombres escritos.

Verónica intrigada por lo que su hija estaba haciendo. Le preguntó,

"¿Qué quieres hacer, porque estas pegando esos papeles en los muebles?"

"Mamá quiero comenzar a enseñarle a Martin a leer y a escribir."

"Me alegro que quieras enseñarle a aprender a leer, pero es muy pequeño. Ya va a tener tiempo para aprender cuando vaya a la escuela."

"Mama estoy segura que si lo hago como un juego él va a querer aprender."

Verónica estaba segura que Clara se iba a cansar muy pronto. Cuando se lo comentó a su esposo, él le dijo

"Dejala, eso los va beneficiar a los dos, él va a aprender a leer y ella va a tener un pasa tiempo que va ser mejor que jugar con las muñecas."

Todo fue fácil para Clara, Al principio comenzó a poner cartones con las letras del alfabeto en toda la casa, después buscaban palabras y por ultimo le enseñó frases con dos palabras. Fue fácil porque Martin no se cansaba de jugar a aprender. También comenzó a enseñarle a contar, lo hizo usando monedas.

Cuando Martin comenzó a ir a la escuela ya sabía leer y escribir y sabia contar. Además, podía resolver algunas operaciones simples de matemática.

Creció mimado por su madre y su hermana adoptivas, pero un día todo cambio. Ese fue el día que clara se casó, porque con la llegada de Boris, el esposo, Martin sintió que el ya no era lo más importante en la vida de Clara, aunque ganó un nuevo amigo. Ya era un adolescente había cumplido 12 años. Boris, trabajaba como entrenador de caballos. En su tiempo libre le enseñó a Martin como tratar y cuidarlos, además le enseñó a cabalgar y hacer que el caballo obedezca. También durante las jugaban al fútbol.

Terminó el bachillerato cuando tenía 17 años. Tenía ambición de continuar sus estudios en la Universidad de Sofía; quería ser un ingeniero.

Todo cambio en su vida después que Bladimir murió porque Verónica tenía dificultades económicas. Un día sintió la necesidad de decirle a Martin como él había llegado a su casa.

Una noche después de cenar, fue a la habitación de Martin con una caja. Cuando estuvo cerca, le dijo,

"Hijo, después que tu padre falleció, sentí la necesidad que hablar contigo, sobre tu origen.

Martin se asombró cuando escuchó que su madre quería hablar sobre su origen y le preguntó,

"¿Mama de que estas hablando, que significa, de mi origen?

"Un día cuando eras un bebe, Clara te encontró en el umbral de la puerta. Estabas envuelto en esta manta gitana. Verónica sacó de la caja la manta que lo había cubierto."

Martin se puso pálido estaba enfrente a la persona que hasta ese momento creía que era su madre. La miró como si estuviera confundido, no sabía que pensar.

Verónica, tomó su mano, sabía que Martin nunca había sospechado que ella no era su madre. Pensó que lo mejor que podía hacer era enseñarle la carta que su madre había escrito. Le dió el sobre.

Martin no vaciló en tomar el sobre, lo abrió leyó la nota. Vio que el nombre de su madre era Pavlina, y que en un momento la habían llamado la gitana rubia. Eso era lo único que él sabia de su madre. Le dijo a Verónica.

"Mama, tengo que encontrar a mi verdadera madre, voy a ir a ver a los gitanos que viven en las cercanías. No puedo hacer nada más que encontrarla. Te quiero mucho y el día que la encuentre tendré dos madres."

Bladimir y ella había ido a ver a muchos de los campamentos gitanos que estaban cerca de su casa, todos conocían el nombre de la Gitana Rubia. Algunos le decían que era solo una leyenda y otros le dijeron que reconocían el nombre, pero no sabían nada de ella. Uno de los recordó haberla visto con dos gitanos que se llamaban Kavi y Sounya. Los buscaron en carios campamentos, pero nunca los encontraron.

> "Martin, nosotros tratamos de encontrar a tu madre, pero nunca supimos nada de ella o de los gitanos, todos habían desaparecido."

No quería que Verónica pensara que él iba a dejar de quererla, pero quería que ella comprendiera que era la verdadera madre a la que tenía que encontrar, sabía que algo le debió haber ocurrido, porque lo que ella había escrito en esa carta había sido escrito con mucho amor, amor de madre. Le dijo,

> "Mamá el día que encuentre a mi madre voy a tener dos Mamas, la me trajo a este mundo y la que crió y me llevó por el sendero de felicidad."

Verónica no pudo contener las lágrimas, acarició al joven que ella había criado como su propio hijo y le dijo.

> "Comprendo que quieras encontrar a tu madre, y deseo desde el fondo de mi corazón que un día no muy lejano la encuentres."

Dos días después que Verónica habló de su origen, Martin, tomo una decisión muy importante. La encontró trabajando en el jardín, se acercó y le dijo,

"Mama quiero hablar contigo, voy a dedicarme a encontrar a mi madre, también voy a trabajar y viajar, tengo la esperanza que un día la voy a encontrar, aunque no creo que la encontraré en Bulgaria. Ella debe estar en algún lugar donde no puede buscarme. Hoy mismo voy a buscar un trabajo; quiero ahorrar dinero y viajar. No sé de qué voy a trabajar. No sé qué voy a hacer, pero soy fuerte y alguien me va a emplear. Sé que un día la voy a encontrar, no sé dónde, pero estoy seguro que un día la voy a tener en mis brazos."

Al día siguiente después de visitar varios lugares en las cercanías de su casa, El dueño de una hacienda de cria y venta de caballos le dio trabajo para que ayudé a los trabajadores que atienden el establo de la hacienda. Volvió contento a su casa, pensó que ya había dado el primer paso para encontrar a su madre. Agradeció a Boris por enseñarle a cuidar caballo, eso lo ayudó a conseguir trabajo.

Capítulo 12 – Martin encuentra su primer amor

No, este fenómeno no funciona... ¿Cómo ustedes van a poder explicar en términos de química y física un fenómeno biológico tan importante como el primer amor?" — Albert Einstein

En su primer día de trabajo, Martin llegó a la hacienda temprano. Atanas, el capataz lo estaba esperando; inmediatamente comenzó a explicarle en qué consistía su trabajo. Sus responsabilidades eran de mantener el establo limpio y que los caballos estuvieran en condiciones para ser montados en cualquier momento. Martin aprendió rápidamente que es lo que tenía que hacer con los caballos debido al entrenamiento que tuvo con Boris. En muy poco tiempo se hizo amigo de todos los hombres que trabajan en el establo y ganó el respeto de Atanas.

Durante su tiempo libré lo dedicó a buscar de su madre, Martin. Visitó varios campos de gitanos, en uno de ellos conoció a un hombre que le dijo,

"Una noche, hace muchos años, vi en un campamento a la gitana rubia. La vi bailar y cantar *la habanera;* también vi a un gitano llamado Kavi tocando el violín. Aunque ha pasado mucho tiempo creó que algunos de esos gitanos aun están en Rumania, en un pueblo cercano a la frontera con Bulgaria.

Martin se emocionó era el primer indicio que había encontrado sobre el paradero de su madre.

"¿Señor se acuerda el nombre del pueblo donde lo vio?"
"Si se llama Giurgiu, está muy cerca de la frontera con Bulgaria."

Al día siguiente, fue a trabajar como lo hacía todos los días. Al atardecer pidió hablar con el capataz para explicarle que necesitaba viajar a Rumania, porque creía que un gitano que vive en un pueblo cerca de la frontera le podía dar información sobre el paradero de su madre. También le explicó que él nunca había visto a su madre y que la familia con que vivía lo había adoptado. Atanas se sintió conmovido y tuvo lastima del joven. Le dijo.

"Martin si tú quieres puedes llevarte uno de los caballos, espero que volverás mañana a trabajar. ¿A qué pueblo vas?"
"Me dijeron que está en Rumania cerca de la frontera. El pueblo se llama Giurgiu."
"Espero que encuentres a tu madre. Si la encuentras puedes quedarte más tiempo. Ahora quiero que te ocupes de Trueno Negro, porque la señorita Verna llegó anoche y se va a quedar con nosotros por varios días; estoy seguro que va querer cabalgar a Trueno Negro, siempre lo hace cuando llega a la hacienda."

El viento se llevó las cenizas

Durante la tarde mientras estaba cepillando a Trueno Negro escuchó una voz suave que le dijo

"Ese era su caballo."

Martin se dio vuelta y vio a una joven muy bonita; de solo verla sintió su cuerpo vibrar. Sintió el palpitar de su corazón. Se quedó como encandilado por la belleza de la joven. Ella le explicó que ese caballo era suyo, y que fue un regalo de su padre para el día cumpleaños. La joven le dijo,

"El dueño de este establo es mi padre, me llamo Verna. ¿Y tú cómo te llamas?"
"Me llamo Martin, ayer comencé a trabajar en el establo, el su Papá me contrató. Hoy es mi primer día de trabajo."
"Martin, ahora por favor ponele la montura al caballo, quiero ir a cabalgar en la campiña. Voy a ir cerca del rio, es una tarde ideal para cabalgar."

Verna quería que ese joven la acompañara, pero sabía que eso no era posible, ella era la hija del dueño y él era un peón. Sus padres nunca lo hubieran permitido.

Verna se fue cabalgando hacia el rio, unos minutos más tarde desapareció en el horizonte. Martin continúo con su trabajo. Tenía en su mente la imagen Verna, a pesar de que solo había estado con ella unos pocos minutos, ya lo había seducido. No solamente tenía la imagen de Verna en su mente, también estaba pensando en su madre. Estaba contento que el capataz le había dado permiso para ir a Rumania, pensó que fue in gesto noble.

Pasaron varias horas ya era casi el atardecer y Verna no había llegado. El capataz estaba preocupado. Los padres de Verna estaban en Sofía y cuando los dueños no estaban en la casa él era responsable de todo lo que ocurría en la hacienda incluyendo la seguridad de Verna. Buscó a Martin y cuando lo encontró le dijo.

"Martin anda a buscar a la Señorita Verna, estoy preocupado hace muchas horas que se fue y aún no ha llegado. Ella debe haber ido in dirección al rio. Espero que no le haya pasado nada."

Martin no sabía dónde buscarla, recordó que ella le había dicho que iba en dirección al rio, le dijo a Atanas,

"Me dijo que iba en dirección al rio, además vi cuando se fue que siguió el sendero para ir al rio. La voy a encontrar"

Mientras Martin cabalgaba trataba de encontrar huellas frescas del caballo. Después de buscar por unos minutos vio en el pasto húmedo una depresión, pensó que sería la huella que estaba buscando. Se desmontó caminó unos pasos y encontró otra huella;

El viento se llevó las cenizas

supo en qué dirección la señorita había ido,
Martin siguió las huellas.

Se alegró cuando vio a Trueno Negro, llegó
rápidamente al lugar donde estaba el caballo y
vio a Verna en el suelo. Se acercó
silenciosamente tocó suavemente su cara
mientras le decía,

"Señorita Verna, ¿Está bien? por favor
habrá los ojos."

Tuvo miedo de levantarla porque pensó que
podría tener algún hueso roto y podría hacerle
daño. No sabía qué hacer, nunca se había
estado en una situación similar. Uso su
chaqueta como una almohada para apoyar la
cabeza de la joven. Verna abrió los ojos y
titubeando le preguntó.

"¿Que está haciendo aquí? Me quedé
dormida."

Sonrió cuando vio que era Martin quien la
estaba ayudando, estaba contenta, era el
joven que había visto esa mañana en el
establo. Martin se alegró cuando vio que la
joven había abierto los ojos, sonrió, aunque
aún no sabía cómo Verna se sentía.

Se sorprendió cuando vio que la joven le
estaba dando la mano para que la ayudara a
levantarse, parecía que sus piernas no la
estaban soportando, Martin rápidamente la
abrazó para que no se caiga. Ella puso un
brazo en su hombro. Cuando él sintió el

cuerpo de la joven junto al suyo sintió una sensación como nunca la había sentido antes, sintió como si un relámpago hubiera atravesado su cuerpo.

La tomó de la cintura y caminaron unos pasos hasta que llegaron donde estaba Trueno Negro. Martin no estaba seguro si ella podía montarlo, pensó que era mejor si montaba en su caballo estaría más segura porque el suyo era más dócil, pero Verna sonriendo le dijo,

"Está bien Martin, me siento bien, quiero regresar al rancho en mi caballo, no quiero que se preocupen. Gracias por ayudarme."

Cuando llegaron al rancho, el capataz corrió hasta que llegó cerca de Verna, trató de ayudarla a desmontar. Le preguntó,

"¿Qué paso señorita, está bien?"

Verna desmontó sin ayuda y estaba fastidiada por la forma como el capataz la estaba tratando, ya no era más una niña, especialmente, cuando le dijo,

"Señorita usted no puede ir a cabalgar sola usted tiene que ir acompañada; voy a hablar con su padre."

No dijo nada, se sintió humillada porque estaba frente al joven que la había rescatado. Atenas la quería mucho, la vio crecer durante muchos años además sabía que ella era muy buena jineta, pero quería protegerla.

El viento se llevó las cenizas

Martin entró en el establo con Trueno Negro. Le hubiera gustado llevarse ese caballo cuando iba a ir a Rumania, pero sabía que eso era imposible porque era el caballo de la señorita Verna.

Cuando llegó a su casa habló con su madre del viaje que había planeado para ir a Rumania. Verónica le dijo,

> "Hijo te deseo mucha suerte, aunque tengo que decirte que nosotros fuimos a Giurgiu y hablamos con varios gitanos. No dijeron que tu madre había desaparecido."
> "Mama tengo que agotar todos los medios para tratar de encontrarla, tengo que encontrar algo que me persuada de que mi madre está viva; voy a agotar todos los medios.

Al día siguiente, Martin partió al amanecer en dirección de la frontera con Rumania. Era casi el medio día cuando llegó a Giurgiu. Preguntó a varias personas donde había un campamento de gitanos. No le llevó mucho tiempo encontrar el campamento porque le dieron direcciones claras.

Preguntó a varias personas si conocían a alguien que habría conocido a la gitana rubia. Todos le dijeron que la gitana rubia era una leyenda. Finalmente, después de haber preguntado a casi todos los gitanos, encontró a Kavi.

Kavi, estaba muy avejentado, siempre estaba triste porque había perdido a su compañera y él se sentía muy solo. Murmurando con voz casi inaudible le dijo,

"Si hijo, la conocí, era una joven muy bella y con un corazón noble. Cuando estuvo con nosotros tuvo un hijo. Cuando desapareció, no sabíamos qué hacer con el pequeñito, lo dejamos en el umbral de una casa.

Martin se emocionó cuando escuchó lo que el anciano le había dicho, estaba contento porque había encontrado el primer rastro de su madre, estaba frente al hombre que la había conocido. Ya no tenía más dudas, de que su madre era la gitana Rubia y que ya no era más una leyenda. Le preguntó

"¿Usted sabe algo más de mi madre?"

Kavi, se quedó callado es como si estuviera pensando. Martin lo miró como si quisiera extraerle todo lo que el hombre tenía en su mente. Volvió a preguntarle,

"¿Usted sabe algo más de mi madre? Soy el niño que usted dejo en la puerta de mi casa. ¿Algún día alguien lo visitó?"

El anciano abrió los ojos tenía una sonrisa en sus labios y le dijo,

"Si mi hijo, unos días después que tu madre desapareció. Mi esposa y yo fuimos a Rumania el mismo día que te dejamos en el umbral de la casa. Antes de que partiera a Rumania los padres de Pavla vinieron al campamento de Ruse a buscarla. Cuando la madre se enteró que la hija había desaparecido lloró desconsoladamente, pero el padre tenía esperanzas de que algún día volvería al campamento. Dejó con Wells, mi amigo, la dirección escrita en una hoja de papel. Wells me dio la hoja de papel porque sabía que nosotros habíamos albergado a la gitana rubia, voy a la carreta a buscar la nota.

Nuevamente Martin se emocionó, tenía la esperanza que sus abuelos supieran más de madre. Se dijo, asimismo

"Es posible que mi madre haya ido a la casa de sus padres. Tengo que encontrar a mis abuelos, ellos pueden saber más que yo donde mi madre está."

Después que Kavi le dio la nota, Martin lo abrazó y le dijo,

"Gracias por haberle dado alberge a mi madre."

Sabia, que el gitano necesitaba dinero, le dio 10 Lev.

Antes de irse, Kavi le dijo,

"Hijo, usa la medallita que tu madre te dio cuando nacisteis, estoy seguro que te va a abrir las puertas para que un día la encuentres. Te deseo mucha suerte y si la encuentras, dile que la extrañamos y que la queríamos como si fuera nuestra hija."

Era tarde cuando regresó a su casa. Verónica lo estaba esperando. Aunque estaba cansado, se sentó en uno de los sofás para contarle todo lo que había encontrado en Rumania.

"Mama, conocí al gitano que me dejó en el umbral de nuestra casa. Me dijo que después que el me dejó en nuestra casa, mis abuelos lo visitaron. El me dio el nombre de ellos y me dijeron que viven en las cercanías de Ruse. Si están vivos estoy seguro que los voy a encontrar. Creo que di un paso más para encontrarla.

Al día siguiente, fue a la hacienda a trabajar, tenía esperanzas de encontrar a Verna. Fue inmediatamente al establo. Parecía que el capataz lo estaba esperando porque ni bien llegó le dijo,

"Martin, prepara a Trueno Negro, y preparate para ir con la señorita Verna. Quiero que la acompañes. No quiero que tenga otro accidente como el que tuvo el otro día."

Verna estaba feliz cuando supo que Martin la iba a acompañar, eso era lo que ella quería desde el momento que lo conoció. Cabalgaron hasta que llegaron a la orilla del rio. Verna, tomó la mano de Martin y caminaron juntos.

El viento se llevó las cenizas

Los rayos del sol que iluminaba el sendero que seguía su curso paralelo al rio. Después de unos minutos se sentaron sobre una roca. Le preguntó,

"¿Martin dónde vives?"
"Mis padres adoptivos viven en Ruse."
"No comprendo porque dices tus padres adoptivos"

No quería contarle todo lo que sabía, porque no estaba seguro que lo que sabía era la realidad. Decidió contarle solamente cuándo lo dejaron abandonado en la casa de Bladimir y Verónica. Pero antes contarle, le preguntó,

"¿Y tú dónde vives?
"Vivo en Vidin con mis padres, pero tenemos una casa en Sofía. Ahora contame por dijiste tus padres adoptivos"
"Mi madre, después que se escapó de su casa, vivía en un campamento gitano. Todos La conocían como la gitana rubia porque bailaba y cantaba en funciones que los gitanos organizaban todas las noches. Un día desapareció del campamento y nunca la encontraron. Después que paso algunos días y mi madre no volvió al campamento, la pareja de gitanos que la habían albergado, decidieron abandonarme en el umbral de la casa donde me crie. Me dejaron envuelto en una manta que usan las mujeres gitanas.

Verna estaba conmovida, puso una mano sobre el hombro de Martin y le dijo,

"Espero que un día, encuentres a tu madre."

Se acercó y le dio un beso en la mejilla, él se sonrojo, siguió relatando como había llegado a la vida de Bladimir y Verónica,

"Desde que mi madre me contó todo la que sabía, comencé a buscar a mi verdadera madre."
"¿Es por eso que ayer no estuviste en la hacienda? Le pregunté al capataz por voz, me dijo que habías ido a Rumania, ¿Qué pasó?"

Martin se puso contento porque ella había notado su ausencia. Decidió contarle lo que había conversado con Kavi. Verna tomó sus manos entre la suyas y sonrió. El sintió que algo muy especial le estaba pasando, no se atrevió a mírala.

"Si Verna, ayer fui a Rumania a buscar noticias de mi madre. Allí fue donde conocí a Kavi, el gitano que albergó a mi madre después que ella se escapó de su casa. El me informaron que mis abuelos la estuvieron buscando después que ella desapareció."

Verna se levantó tomó la mano de Martin y le dijo.

"Tenemos que volver, Martin la historia de tu madre y tu dedicación para encontrarla me conmueve, deseo que un día la encuentres. También quiero decirte que me siento muy feliz contigo."

Martin nunca había estado tan cerca a una mujer, se sintió tímido, quería estar cerca de ella, no sabía cómo reaccionar. Le dijo,

"A mi también me gusta estar cerca de ti, siento un sentimiento como nunca lo había sentido antes, quiero tomar tu mano y retenerla entre las mías."

Verna lo interrumpió le dio un beso en sus labios, y sonrió. Martin sintió vibraciones en todo su cuerpo, no pudo contenerse y la abrazó. Ella también lo abrazó y le dijo,

"Martin no sé qué me pasa, nunca había sentido el deseo de estar en los brazos de un hombre. Me gustasteis desde el primer momento que te vi. Y ahora que te conozco como eres, me gustas más."

Los dos mantuvieron silencio, ninguno de los dos habló, siguieron en silencio. Cuando estuvieron cerca de la hacienda Verna le dijo,

"No quiero que nadie sepa lo que ha pasado, no creo que van a comprender. Por ahora este es un secreto entre nosotros."

Martin estaba feliz por lo que había ocurrido. Quería tomar su mano y decirle que se había enamorado y que era su primer amor. Cuando llegaron Verna fue directamente adentro de la casa. El llevó los caballos al establo. Después de varias horas de trabajo se fue a su casa. Comenzó a ver su vida de una manera distinta; sonreía mientras caminaba.

Verónica y Clara estaban en la cocina preparando la cena, cuando llegó a su casa, vio a su madre se acercó y le dio un beso en la mejilla. Ella notó que Martin estaba diferente, era como si estuviera distraído, le preguntó.

"¿Qué te pasa hijo? Pareces como si estuvieras ausente. ¿Tuviste algún contratiempo en tu trabajo?"

Clara también lo abrazó y dijo,

"Mama creo que Martin está enamorado, decime quien es, estoy segura que debe ser muy bonita."

El sabía que desde el día que conoció a Verna no todo era lo mismo. En los últimos días después Verna conoció su historia estaba obsesionada porque quería que el encontrara a su madre.

Martin después que conoció a Verna, su atención estaba más concentrada en la joven que recién había conocido que seguir buscando a su madre, Casi murmurando le dijo,

"Si Clara, estoy enamorado de Verna la hija del patrón de la hacienda. La conocí un día antes de ir a Rumania."

Verónica, si puso seria, llevó su la mano derecha a la cara, estaba preocupada cuando dijo,

> "Es imposible hijo, los padres nunca van a permitir que ustedes se amen, estoy segura que ellos tienen otros planes para la hija, no te olvides que tú eres un peón, no eres la persona que ellos quieren para su hija."

Martin no podía creer lo que estaba escuchando, les dijo,

> "Mama no puedo comprender porque no podemos enamorarnos, estoy seguro que a Verna no le importa si soy un peón, o un hombre que pertenece a alguna de las familias pudientes."

Salió de la cocina y fue a su habitación, Sabia que a él le gustaba a Verna y que podían estar juntos cuando ella iba a cabalgar. Con dificultad pudo concentrarse para hacer un plan para ir a ver a la familia Estimof. Pensó que la primera persona a quien podía preguntarle era el capataz, él podía conocerlos. Al día siguiente, cuando vio a Atanas después de saludarlo le dijo,

> "Cuando estuve en Rumania me dieron la dirección del lugar donde viven los padres de mi madre. Me gustaría ir a verlos."

Atanas vio la dirección donde vivían los padres de Pavla y le dijo,

"Puedes ir mañana. Pero quiero que recuerdes que parte de tu trabajo es acompañar a la señorita Verna cuando sale con Trueno Negro."

La visita a la mansión de la familia Estimof no tuvo éxito porque le informaron que estaban en Italia. Es más, le dijeron que después que perdieron a la hija se radicaron en Roma y nunca más volvieron.

Martin se desilusionó por no haberlos encontrado y además él sabía que él no estaba en condiciones económicas para viajar a Roma. Pensó que tenía que dedicarse a trabajar para ahorrar dinero así con el tiempo podría ir a buscar a su madre.

Cuando llegó a su casa fue directamente a su habitación, se acostó en su cama. Verónica lo siguió y cuando entró en la habitación le preguntó.

"¿Qué te pasa, porque estas así, te pasó algo malo? Te veo triste."

"Mama, cuando llegué a la casa de mis abuelos vi que estaba cerrada y parecía que nadie vivía en ella. Unos vecinos me informaron que después de la muerte de su hija se fueron a vivir a Italia. También me dijeron que no saben la dirección donde están.

Verónica no sabía que decirle, solo pensó que Martin era muy joven, además ella estaba segura que algo grave le debía haberle pasado a la madre de otra manera estaba segura que ella lo habría buscado. Pero no quiso descorazonarlo, pensó que lo único que podía hacer era consolarlo, y darle coraje.

"Martin sé que es muy duro, pero también sé que un día vas a encontrar un indicio que te va a llevar por el camino para que encuentres a tu madre."

"Mamá estoy muy agradecido por todo lo que ustedes han hecho por mí, y siempre te voy a querer porque tu fuisteis la madre que crio."

Verónica acarició la cabeza de su hijo, y con voz muy suave le dijo,

"Quisiera decirte que vayas Italia a buscar a tu madre, pero no tienes información donde ella esta. Además. sos muy joven. Mi consejo es que esperes hasta sepas más de tu madre y tus abuelos. Creo que tendrías que visitar la casa donde vivían tus abuelos, es posible que ellos vuelvan o que se comuniquen con la gente que cuida la casa. Si tú quieres te puedo acompañar.

Martin comprendió lo que su madre le había dicho. Se puso contento y le agradeció cuando le ofreció acompañarlo;

Al día siguiente fue a trabajar. Como lo hacía todas las mañanas acompañó a Verna en su paseo matinal. La joven notó que Martin estaba triste y le preguntó

"¿Encontrasteis a tus abuelos?"

"No, la persona que cuida la casa me dijo que mis abuelos están en Roma, pero no sabían la dirección."

"¿Cómo se llaman tus abuelos? Le voy a preguntar a mis padres a lo mejor ellos los conoce. También en Italia pueden averiguar a través de la embajada búlgara."

Verna pensó que la gente que cuida la casa tenía que saber dónde estaban los abuelos de Martin. Le dijo,

"Dentro de unos días podemos ir juntos a la casa de tus abuelos y vamos a averiguar más."

Verna pensó que su padre iba frecuentemente a Italia y que podrían tener información del paradero de los abuelos de Martin, le dijo,

"Cuando mi Papá vuelva de Italia le voy a preguntar. También quiero decirte que a tengo que ir a Sofía para ir a la universidad. Sé que te voy a extrañar porque te amo.

Martin se sintió desolado, no había podido encontrar ningún indicio del paradero de su madre. Cuando Verna le dijo que se tenía que ir a Sofía, sintió que estaba perdiendo todo su soporte. Verna mientras acariciaba su cabello, le dijo,

"Te amo y te amaré toda mi vida,"

El viento se llevó las cenizas

Martin la abrazó y besó sus labios apasionadamente, esa tarde, ambos perdieron su virginidad y ganaron intimidad.

Capítulo 13 – La Separación

Hijo, anda a buscar a tu
madre, te doy la bendición."

Pasaron varios meses antes que Verna regresara a la hacienda. Martin siguió trabajando, también visitó frecuentemente la residencia de sus abuelos, pero a pesar de todas esas visitas no consiguió saber la dirección donde ellos vivían. Pensó que la única manera de encontrarlos era ir a Italia. Sabía que no tenía posibilidades de encontrarlos en Bulgaria.

Había ahorrado dinero, pero no creyó que era suficiente para viajar por un largo tiempo. Pensó que la única manera era encontrar trabajo en Roma, pero no se sentía seguro porque en lo único que él había trabajado era cuidar caballos en los establos. Tenía miedo de que fuera a perderse, especialmente porque no conocía el idioma.

Verna quería que Martin la acompañara en su paseo matinal. Atanas pensó que Trueno Negro ya estaba domado y no representaba ningún peligro para Verna. Además, sospechaba que los dos jóvenes estaban enamorados y esa era la excusa de ella para estar juntos. Le dijo,

"Señorita Verna, Martin va a preparar a
Trueno Negro, pero él no puede ir con
usted."
¿Por qué Martin no puede acompañarme,
como lo hizo siempre?"
"Señorita, Trueno Negro ya es un caballo
dócil y ya no representa un peligro para
usted. Además, Martin tiene que ocuparse
del mantenimiento del equipo motorizado
de la hacienda, incluyendo los coches."

Verna estaba determinada a ver a Martin. Al
atardecer llamó por teléfono a Nadia, una de
sus amigas, para que la fuera a buscar. Su
amiga era una joven muy atractiva. Su cabello
negro caía suavemente sobre sus hombros y
sus ojos eran de azul claro. Llegó a la casa de
Verna manejando un Ford T. Verna no dio
explicaciones donde iba, solamente dijo,

"Voy a volver tarde no me esperen voy a
estar con mi amiga Nadia."

Atanas se imaginó que Verna se iba a
encontrar con su amante, pero no dijo nada.
Pensó que el padre debía saber qué es lo que
estaba pasando.

Nadia manejaba despacio, porque estaba
distraída escuchando a Verna cuando le
explicaba su relación con Martin. Escuchaba a

su amiga con atención; después de unos minutos, le preguntó.

"¿Dónde quieres ir?"
"Quiero ir a la casa de Martin y después quiero ir a un lugar donde él y yo podamos estar solos. Tenemos mucho que hablar, además hace mucho que no lo veo.

Ambas eran amigas de escuela, Verna sabía que podía contar con ella, eran como hermanas.

Nadia estaba sola en la casa, sus padres se habían ido de vacaciones a Burgas, una ciudad balnearia del sur de Bulgaria. Le dijo,

"Podríamos ir a mi casa. Puedes quedarte todo el tiempo que quieras, mis padres están de vacaciones en las playas de Burgas"

Llegaron a la casa de Martin, Verna caminó rápido hacia la entrada. Verónica, sabía que su hijo estaba enamorado de la joven, aunque no aprobaba esa relación fue muy cortes con ella. Martin estaba en su dormitorio leyendo un libro de gramática italiana. Escuchó el timbre, corrió para abrir la puerta de entrada. Vio a su madre conversando con su novia. Rápidamente se acercó a ella y le dijo,

"Mama esta es la señorita es Verna, por favor dejame solo con ella."

Verónica no dijo nada, se fue caminando hacia la cocina. Martin estaba emocionado de ver a su amante, aunque se sorprendió porque no la esperaba. Quería abrazarla, pero solamente tomó su mano y le preguntó,

"¿Qué haces aquí?
"Vine a buscarte, quería verte. Nadia, mi amiga nos va llevar a su casa, donde vamos a poder estar solos.

La habitación de Nadia, estaba decorada para una mujer joven, En un costado había un tocador de madera con un espejo. Las paredes estaban pintadas de color rosa clara. La cama estaba cubierta con un acolchado de color azul claro y sobre La mesita de luz tenía un vaso con flores.

Cuando estuvieron solos, se abrazaron, y se amaron apasionadamente. Verna permaneció en sus brazos.

Pasaron varias horas, ambos estaban felices; Ella le comentó lo que había hecho y también le dijo que había comenzado a estudiar en la academia de bailes en Sofía. Pero estaba más interesada en conocer los detalles y que pasos había tomado para encontrar a su madre.

Martin estaba serio porque sabía que no había avanzado mucho en la búsqueda de su madre, solo le dijo,

> "Fui varias veces a la casa de mis abuelos, pero aún no sé dónde están. Lo único positivo que puedo decir es que he ahorrado dinero para ir a Italia. Estoy indeciso porque si me alejo de ti no sé si te volveré a ver.

Verna se puso seria porque sabía que sus padres nunca lo iban a aceptar. Sabía que en un momento tendría que elegir entre él y sus padres. En ese momento ella no quiso decir nada de lo que ella estaba pensando, solamente le dijo,

> "Martin quiero que sepas que te amo y que siempre seré tu mujer, no importa cuán lejos estemos; siempre seré tuya."

Él también sabía que tenía que hacer algo más de su vida para que sus padres lo acepten, pero en ese momento él tenía por delante una misión más importante."

> "Ya era tarde cuando Nadia dejó a Martin en su casa.

Verna, se sentía deprimida porque tenía el presentimiento de que ella no iba a ver más a

El viento se llevó las cenizas

Martin. No quería volver a su casa, tenía
miedo. Atanas ya se había dado cuenta de que
Martin y ella eran amantes.

Era casi la media noche cuando llegó a su
casa tuvo la impresión de que Atanas la había
estado esperado, cuando la vio entrar le dijo,

> "Señorita, su papá la está esperando en su
> escritorio."

No esperaba encontrar a su padre en la
hacienda, se preocupó de solo pensar que
Atanas debía haberle advertido a su padre de
su relación con Martin, y que ella era la razón
por la que él estaba en la hacienda.

Al día siguiente, como siempre, Martin llegó
temprano a la hacienda para trabajar. Cuando
llegó al taller donde se reparan los autos vio un
coche que nunca había visto. Le preguntó al
capataz,

> "¿Atanas de quien este coche, es nuevo.?
> "Martin este es el coche del patrón. El llegó
> esta tarde, y esta mañana me pido que te
> despidiera de tu trabajo. Además, me dijo
> que no quiere que te acerques más a la
> señorita Verna. En este sobre tienes tu
> salario y un mes adicional y una carta de
> recomendación. Buena suerte y espero que
> un día encuentres a tu madre."

El viento se llevó las cenizas

Martin, no dijo nada, agachó la cabeza y se fue de hacienda. El sabía que algo así le iba a pasar, pero no esperaba que sucediera de esa manera. El tenía la esperanza que un día Verna sería su esposa.

En su casa Verónica lo vio triste, pensó que algo malo le debió haber pasado. Lo vio cansado y decaído, imaginó que algo le había pasado en el trabajo. Le preguntó,

> "¿Que te paso hijo, porque estas triste, te pasó algo en tu trabajo?"

No tenía ánimo para hablar con nadie, pero pensó que Verónica era la única persona con quien podía hablar de lo que tenía en su mente. No pudo contener sus lágrimas se acercó y la abrazo mientras le decía,

> "Mamá todo terminó mal, el padre de Verna vino a la hacienda y hoy me despidieron, además el capataz me dijo que no me acercara a Verna."

Se sentaron en uno de los sofás, Verónica trataba de consolarlo, también, Le dijo,

> "Martin, quiero que pienses que si ustedes se aman van a encontrar la manera de estar juntos. Hijo, el primer amor es el que

nunca se olvida, y tengo fe que un día vas a estar junto con Verna. Verás que el tiempo me dará la razón."

Escucharon que alguien estaba golpeando la puerta de entrada, Verónica la abrió, vio a Nadia parada en frente a ella; con una sonrisa le dijo,

"Señora, soy Nadia una amiga de Martin y quiero hablar con él."

Nadia entró en la casa, Verónica la seguía de cerca, Martin se acercó para ver quien había llegado. Cuando vio a la amiga de Verna le pidió a su madre que los dejara solos.

Nadia se acercó a Martin, él no sabía que pensar, quería saber porque Nadia estaba en su casa. La invitó a que se sentara en uno de los sofás, se sentó cerca de ella, se imaginó que tendría algún mensaje de Verna.

"Martin, esta mañana temprano Verna me llamó por teléfono y me pidió que te venga a ver y te cuente lo que pasó en su casa." "Por favor decime que es lo que pasó, quiero saber, estoy muy preocupado, hoy el capataz me despidió, también me dijo que no me acercara más a Verna."

Nadia estaba triste, por lo que su amiga le dijo, sabía que Martin era un buen hombre y que estaba enamorado, con mucha pena le dijo,

"Cuando Verna llegó a su casa encontró al padre esperándola. Lo primero que le preguntó fue si había estado contigo. Verna le dijo que si y que estaba enamorada de vos. Eso enfureció al padre y le prohibió volver a verte. Además, le dijo que al día siguiente volvían a Sofía.

Martin estaba furioso, pero sabía que nada podían hacer, pensó que Verna ya estarían en camino hacia Sofía. Nadia interrumpió su pensamiento y le dijo,

"Verna me dijo que posiblemente la iban a enviar a un colegio en España. Ahora voy a ir mi casa y si se algo más de ella te lo voy a decir."

Después que Nadia salió de la casa, fue donde estaba su madre y le dijo,

"Mama tomé la decisión de ir a Italia y tratar de encontrar a mis abuelos."

Verónica había estado esperando ese viaje desde el día que se enteró que sus abuelos estaban en Italia y que el tomaría la decisión de ir en busca de sus abuelos y su madre. Con mucho cariño en su vos le dijo,

"Hijo, anda a buscar a tu madre, te doy la bendición."

Capítulo 14 – Martin va a Roma

Most of all the other beautiful things in life come by twos and threes by dozens and hundreds. Plenty of roses, stars, sunsets, rainbows, brothers, and sisters, aunts and cousins, but only one mother in the whole world."

Kate Douglas

Wiggin

Dos días mas tarde, durante la madrugada del 5 de abril de 1924, Martin partió de su casa rumbo a Italia. Antes de irse, Verónica lo acompañó hasta la puerta y se despidió de él abrazándolo. Le dio una cámara de fotografía como regalo de despedida. Vio como Martin se alejaba, se quedó en el umbral de la puerta hasta que el joven desapareció. Entró en la casa llorando; tuvo el presentimiento de nunca más lo volvería a ver.

Martin sabía que el viaje a Roma iba a ser largo. Había hecho planes para viajar haciendo escalas, esperaba poder trabajar en algún lugar.

El viento se llevó las cenizas

Ese mismo día comenzó a trabajar como marinero en un barco de carga que iba navegando en el rio Danubio hacia Budapest. Trabajó solamente durante el tramo, Ruse – Belgrado. Aunque el salario era muy bajo, estaba contento porque tuvo un lugar para dormir y donde le daban lo alimentaban.

Durante la noche a pesar de estar cansado, las palabras de Atanas daban vueltas en su mente y no lo dejaban dormir. Escuchaba lo que le dijo,

"No te acerques más a Verna, es una orden."

Se imaginó que él y Verna estaban caminando en la orilla del rio, ella tenía la cabeza apoyada en su hombro y el viento movía su cabello acariciando la mejilla de su amante, recordó el momento que se besaron por primera vez.

Dos días después de llegar a Belgrado, Martin tomo un colectivo para Slovenia. Fui un viaje largo, pero en Croacia subió una joven y se sentó cerca del suyo. No tardó mucho para que ambos jóvenes entablaran conversación. La joven era italiana y vivía en Venecia. Era muy atractiva porque su cabello negro, sus ojos negros contrastaban con su piel de color obscuro como la miel. Se sintió atraído, aunque su primera impresión fue que ella era mayor que él. Martin estaba contento porque podían conversar y practicar italiano. La joven le dijo.

"Me llamo Adela, pero me llaman Adelina, vivó en Venecia. Cuando lleguemos a Slovenia voy a tomar el colectivo que me va a llevar a mi ciudad. ¿Y tú dónde vas?"

El sabía que tenía que hablar lentamente porque no hablaba el idioma, igualmente Martin estaba seguro que ella no lo iba a comprender. Era la primera vez que hablaba italiano con una persona.

Sin entrar en muchos detalles le dijo,

"Soy búlgaro, voy a Roma a buscar a mis abuelos. No los conozco y tampoco sé dónde están, pero tengo que encontrarlos."

Adelina se sorprendió cuando escuchó que él no sabía dónde estaban sus abuelos, Roma es una ciudad grande.

Se sintió atraída por el joven, tomó su mano y le preguntó,

"¿Por qué vas a Roma, y no a otra ciudad, como sabes que tus abuelos están en Italia?

El viento se llevó las cenizas

Martin sabía que iba a ser difícil encontrar a sus abuelos en Roma, Pero era el único camino que tenia para encontrar a su madre, tenía que seguir la pista que le había dado en Bulgaria, aunque pareciera que la decisión de seguirla no era lógica.

> "Adelina sé que va a ser difícil encontrarlos, pero es la única alternativa que tengo para encontrar a mi madre. Tengo un plan."

Ella estaba intrigada por lo que Martin le estaba diciendo. El tiempo paso muy rápido, la voz del conductor en los altoparlantes lo interrumpió cuando anunció la llegada a la estación de Bratislava.

Bajaron del colectivo, caminaron para ir a comprar los pasajes para continuar con el viaje. Antes de ir al colectivo se sentaron en un café para comer un sándwich.

Cuando llegaron a Venecia Angelina le preguntó,

> "Martin, sé que quieres ir a Roma, pero ahora puedes quedarte y conocer lugares bellos como ser la Plaza de San Marcos. Napoleón Bonaparte la consideró como la plaza más bella del mundo. Si decides quedarte en Venecia puedes quedarte en mi casa.

El viento se llevó las cenizas

Martin consideró que para él era la mejor oportunidad para aprender italiano, y visitar al mismo tiempo algunos de los lugares más bellos de Venecia.

Adelina vivía en una casa ubicada en tierra firme, era una buena ubicación porque estaba cerca de los lugares de mayor atracción. Adelina vivía sola, aunque algunas veces la visitaba Antonio, su hermano menor.

Entraron en la sala de estar. Martin puso su valija en uno de los placares. Adelina fue a la cocina para preparar café para los dos. Volvió a la sala de estar e invitó al joven para que se siente en uno de los sofás, Ella se sentó junto a él. Martin se sentía incómodo, asimismo se sentía excitado cuando sintió el cuerpo de su amiga vibrar con deseo. Todo ocurrió muy rápido, ambos sucumbieron en las garras del deseo y se entregaron el uno al otro.

Al día siguiente, durante la mañana fueron a visitar la plaza de San Mateo. Adelina, fue la guia, mientras caminaban ella le explicaba y él tomaba fotos con vistas panorámicas de la plaza. En algunas de las fotos la incluía.

"Martin esta es la Piazza San Marco, pero nosotros la conocemos como la Piazza. Es el orgullo para nosotros los venecianos."

El viento se llevó las cenizas

Cuando regresaron a la casa encontraron a Antonio, el hermano de Adelina, sentado en uno de los sofás; era de la misma edad que Martin. Era alto y corpulento. Su cabello era rubio y sus ojos eran de color negro, del mismo color que los de Adelina. Era de carácter agradable y sonreía frecuentemente.

Martin y Antonio se hicieron amigos desde el momento que se conocieron. Cuando Antonio se enteró que Martin estaba buscando trabajo, le dijo,

> "Martin trabajo en una fábrica de telas para trajes de hombre, soy maquinista. Si quieres puedo hablar con el encargado, a lo mejor te emplea, tengo la impresión que necesitan más maquinistas."

Martin estaba contento porque entendía lo que Antonio le decía; ya estaba aprendiendo el idioma.

Al día siguiente, antes que anocheciera Antonio regresó a su casa, tenía buenas noticias, cuando vio a Martin le dijo,

> "Hablé con mi jefe y me dijo que vayas a verlo mañana. Creo que te va a dar trabajo. Podemos ir juntos."

El viento se llevó las cenizas

Ambos jóvenes se abrazaron, Martin estaba contento. Esperaron que Adelina regrese y todos se fueron a un bar. Antonio se encontró con su novia y después de unos minutos se fueron."

Adelina tomó las manos de Martin entre las suyas y le dijo,

> "Martin se muy poco de ti. También sé que tú sabes muy poco de mí. Tú eres joven y vas a seguir adelante en tu vida, porque la vida es así. Por el contrario, yo tengo mi pasado que me atrapa, tengo un hijo, se llama Vicente. Ahora el vivé con mis padres en Milán."

Martin sabía que Adelina tarde o temprano iba a desaparecer de su vida. Tenía sentimiento muy arraigados por ella, sobre todo estaba agradecido por haber estado con él cuando él se sentía solo y necesitaba compañía. Le dijo,

> "Adelina, yo también tengo muy pasado. Nací dentro de una carreta de gitanos. Unos bandidos atacaron a mi madre. Me han dicho que estaba muerta pero nunca encontraron su cuerpo. Tengo la esperanza que un día la voy a encontrar. También estoy enamorado, pero la sociedad donde vivía no permite que nos amemos, no sé si algún día la volveré a ver."

El viento se llevó las cenizas

Pasaron seis meses, Martin estaba contento, aunque su relación con Adelina había cambiado ahora eran más amigos que amantes. Muchas noches hablaron de sus pasados, Adelina cada día que pasaba pensaba más en su hijo, una noche la encontró llorando, cuando la vio la abrazó y le preguntó.

"¿Por qué estas triste, que te pasa?
"Martin extraño a mi hijo, después de pensarlo mucho he tomado una decisión; Mañana voy a ir donde él está, quiero vivir con él. Ese es el lugar que siempre tenía que haber estado."

Martin escuchó lo que ella dijo y para él fue como un golpe de realidad, porque su meta era encontrar a sus abuelos. No dijo nada; volvió a abrazarla y le dijo,

"Adelina, creo que la decisión que has tomado es la mejor, estoy seguro que vas a ser feliz, por el solo hecho que vas a estar junto a tu hijo. Por mi parte muchas veces me pregunto, *¿Dónde está mi madre?* y estoy seguro que ella también en algún momento se debe pregunta *¿Dónde está mi hijo?* De ahora en adelante no va pasar un día sin que la busque; no quiero volver a escuchar en mi mente *¿Dónde está mi* *madre*? Solo quiero escuchar mis planes para encontrarla."

Adelina lo miró como se estuviera diciendo,

"Me siento orgullosa de ser tu amiga, siempre te voy a recordar con mucho cariño. Los días que hemos estado juntos me ayudasteis a comprender que mi lugar es estar con mi hijo, me acordaré de ti toda mi vida."

"Adelina te escucho y comprendo que yo también tengo que seguir adelante. Tengo que agradecerte porque ya no soy el mismo, siento que he crecido. Nunca te olvidare. Eres y fuiste una verdadera amiga."

Esa misma noche Martin preparó su valija y al amanecer fue a la estación de transporte de carreteras, tomó el primer colectivo que iba a Roma. Eran más de las 3 de la tarde cuando llegó. Durante el viaje, entabló conversación con un señor que vivía en Roma. Lo aconsejó que vaya a vivir en una pensión cerca del Coliseo.

Al día siguiente fue a una fábrica de telas para trajes para buscar trabajo. Los dueños de la fábrica consideraron que tenía experiencia y lo contrataron. Estaba contento, caminó hacia la sede del Vaticano. Quería visitar el interior, pero estaba cansado y se hacía tarde; regresó a la pensión.

Esa noche cuando estaba en su habitación escribió tres cartas una para Verónica, otra para su amigo Antonio y la tercera para Adelina.

Inmediatamente comenzó a poner en marcha el plan que tenia para encontrar a sus abuelos. Lo primero que hizo fue preguntar en los negocios si conocían algún comerciante búlgaro. No podía dedicar mucho tiempo para buscar a su madre porque tenía que trabajar y algunos días trabajaba más de 10 horas.

Dos meses después que se fue de Venecia, Antonio viajó a Roma. Martin estaba en su casa cuando su amigo lo visitó. Se abrazaron, ambos estaban contentos. Era casi el anochecer cuando fueron a ver a la patrona del edificio y cambiaron el departamento por uno más grande.

Martin le preguntó si había visto a Adelina, él había recibido solo una carta de ella, solo escribió de su hijo. Antonio le dijo,

"Después que salí de Venecia fui a verla. La vi muy contenta. Me comentó que había conocido a un hombre que la gustaba, además me comentó que es muy bueno con Vicente, lo quiere como su fuera su hijo."

Antonio le preguntó si había encontrado algún indicio de su madre o sus abuelos, Martin bajo la cabeza y con voz muy triste le dijo,

"No, aún no he encontrado a mis abuelos, me estoy inclinando a pensar que ellos no están en Roma

Pasaron seis meses, más de un año desde que Martin salió de Ruse. A pesar de haber visitado comercios y preguntar a muchas personas aún no había encontrado a ninguna familia búlgara para hablar con ellos. Se sentía frustrado.

Una tarde, Antonia entró en la habitación de Martin, estaba excitado, tenía en su mano un panfleto, se acercó a su amigo y le dijo,

"Mira, esto es lo que estabas esperando desde hace mucho tiempo, leelo, "

Martin tomó la hoja de papel. Mientras la leía su rostro cambiaba a uno feliz, cuando terminó de leerlo le dijo gritando.

"Esta es mi oportunidad, gracias amigo."

El viento se llevó las cenizas

Martin estaba muy entusiasmado y lo abrazó mientras le decía,

"Este fin de semana un conjunto folclórico de Bulgaria va a presentar música de mi país, estoy seguro va a atraer muchas familias búlgaras."

Antonio le dijo con entusiasmo,

"Martin tienes que ir, es una función de gala, creo que debes ir vestido con un traje. Tengo la esperanza que vas a encontrar a tus abuelos. Si tu quiere puedo ir contigo"

Martin estaba emocionado, lo abrazó. Nuevamente agradeció a su amigo por haberle traído el primer indicio para encontrar a sus abuelos. Sabía que, aunque los encontrara, ellos podrían no saber nada de su madre, pero para él era importante encontrarlos. Antonio la dijo,

"Vamos a cenar y después podemos ir a un bar a tomar un par de cervezas."

Martin y Antonio fueron a la función del grupo de bailarines búlgaros. Llegaron temprano al teatro porque querían interrogar a muchas personas.

El viento se llevó las cenizas

Unos minutos antes que los bailarines comenzaran la función, Antonio se acercó a Martin y le dijo,

> "Martin, hace unos minutos vi una pareja de personas mayores. Tuve la impresión que tú te pareces mucho a ese anciano. Te voy a mostrar donde están para que puedas hablar con él durante el intervalo; estoy seguro que él es tu abuelo."

Cuando vio el hombre que Antonio pensó que era su abuelo, se emocionó. Lo único que él vio que podría tener algo en común es que era alto y robusto como lo era él. Con cautela se acercó y le preguntó hablando el idioma búlgaro."

> "¿Señor, es usted el Señor Dimitri Estimof?"

El anciano estaba con su esposa, la miró como si le estuviera diciendo, ¿Conoces a este joven?

> "Si, joven soy Dimitri Estimof ¿En qué puedo servirlo?

Martin no sabía qué hacer, quería abrazarlo, él era su abuelo. No quiso decirle que él era su nieto, pensó que podría reaccionar y no escucharlo, solamente le dijo.

"Señor me llamo Martin, hace un año salí de Ruse en busca de mi madre y mis abuelos. Un gitano llamado Kavi me contó que mi madre había desaparecido y me dejo con ellos, después de varios días me abandonaron en el umbral de la casa donde me criaron. Solo sé que mi madre me colgó esta medallita y me dejo envuelto en una manta hecha por gitanos. Sobre mi pecho dejo una carta que mi madre escribió para su madre.

Alina escuchaba con atención al joven, se puso pálida, oprimió el brazo de su marido y dijo.

"Nosotros le dimos esa medallita a Pavlina, nuestra hija. Usted podría ser nuestro nieto, el niño que buscamos desde que mi hija desapareció. Me gustaría que venga a nuestra casa, quiero estar segura que usted es verdaderamente el hijo de Paulina."

Martin, solamente tenía la carta y la medallita de su madre, pero Alina quería ver la marca de nacimiento que tiene su nieto en su pecho, porque quería estar segura. Esa prueba seria lo último que tenía que comprobar que él era su nieto.

"Si señora puedo ir a su casa, ¿Está bien si voy mañana al anochecer?"
" Si por favor, te esperamos. "

Se separaron, Dimitri tenía esperanzas de que ese joven fuera su nieto. Le preguntó a su esposa,

¿Tú crees que ese joven es nuestro nieto?"

Alina lo miró y sonriendo le dijo,

"De solo mirarlo tienes que saber que es tu nieto. Se parece mucho a ti, además, no sé si te acuerdas, pero el día que lo tuve en mis brazos en el campamento gitano, vi que tenía una marca de nacimiento en el hombro izquierdo. Mañana lo vamos a comprobar. Sabes, ya lo quiero, parece ser un joven muy noble. Ojalá que sea él niño que tanto hemos buscado. Tengo la esperanza de que algún día vamos encontrar a Pavlina. Nunca pensé que esta muerta. Espero que él nos va a ayudar a encontrarla"

Martin no sabía que es lo que Alina pensaba, pero estaba seguro que eran sus abuelos. Al día siguiente fue a la casa mucho antes del atardecer. Tanto Dimitri como su esposa lo estaban esperando. Cuando llegó, Alina abrió la puerta de entrada de la casa. Quería abrazarlo, pero se contuvo, quería estar segura.

Martin entró en la sala de estar se sentó en uno de los sofás. Casi inmediatamente Dimitri entró en la sala de estar y le preguntó,

"¿Joven que es la que le hace pensar que usted es nuestro nieto?"

Antes que Martin pudiera contestar, Alina entro en la sala y le dijo,

"Unos pocos días después que nacisisteis fue al campamento de gitanos, cuando te tenía en mis brazos estabas envuelto en una manta, pero estabas desnudo, noté que tenías una marca de nacimiento en el hombro izquierdo."

Martin miró a su abuelo y después miró a su abuela y con excitación le dijo.

"Abuela permítame que me saque el saco y habrá mi camisa, para mostrarle la marca de nacimiento que tengo en mi hombro izquierdo, puede verificar si usted quiere.

Alina se acercó lo abrazó, tomó la mano de Dimitri y los tres se abrazaron. Finalmente se habían encontrado. Alina dijo,

"Ahora tengo esperanzas de que vamos a encontrar a nuestra Pavlina."
"Si abuela, de ahora solamente tengo que buscar a mi madre y voy a dedicar todo mi tiempo para encontrarla."

"Solamente voy a ser feliz cuando encuentre a mi Pavlina" dijo Alina

Capítulo 15- Ahora voy a Buscar a mi madre

Se enamoraron y tú fuiste el fruto de ese amor

Los tres estaban felices, Martin había encontrado a sus abuelos. Ese fue el paso gigante para encontrar a su madre. Se sentía seguro de sí mismo.

Alina no se cansaba de mirar a su nieto y de hacerle preguntas. Martin describió con detalles todos los pasos que él había seguido para encontrarlos.

Dimitri, se sentía culpable porque él creía que era la causa por la que Pavla se había ido de la casa. Pero Alina tomó su mano y le dijo,

"Dimitri, estoy segura que vamos a encontrar a nuestra hija, ahora somos tres quienes la vamos a buscar, Martin es joven. Además, acuérdate que Sarah, mi amiga, me dijo que había visto a una mujer que se parecía a nuestra hija en un barco que iba a Argentina. Me dijo que cuando la llamó por su nombre la joven se puso nerviosa, Sarah estaba segura que era Pavla, pero ella le dijo que su nombre era Isabel. Dimitri nuestra hija está en Argentina y la llaman Isabel. Además, Sarah me dijo que estaba vestida con ropa de gitana y bailó la habanera en el escenario del barco. Recuerdas que la tarde que la vi cuando fui al campamento de gitanos, ella estaba bailando esa misma pieza musical y estaba vestida con ropa de gitana. Tiene que ser nuestra hija, la joven que Sarah vio bailar, tiene ser ella, es la gitana rubia, seguiré viendo con la ilusión de encontrarla."

Martin escuchaba con atención lo que su abuela decía; quería conocerlos y, además, quería saber todo lo que sabían de su madre. Pensó que tendría que buscar a una mujer rubia en Argentina que se llama Isabel. Alina tomó la mano de Martin y le dijo,

"Martin si alguna vez escuchas a alguien hablar de la gitana rubia puede ser que estén hablando de tu madre."
"Si Abuela, ya lo sé, porque cuando visité un campamento de gitanos en Rumania, uno de ellos recordó a la gitana rubia que bailaba y cantaba, también me dijo que ella había tenido a un hijo y ahora sé que ese hijo soy yo. Porque cuando me encontraron en la casa donde me abandonaron yo estaba envuelto en un paño similar a los que usan las gitanas para cubrirse los hombros."

El viento se llevó las cenizas

Esa misma tarde Martin comenzó a hacer nuevos planes para encontrar a su madre. Ya tenía un indicio, aunque solamente era la palabra de una mujer que había pensado que la vio en un crucero que iba a Argentina. Su cara se iluminó y dijo,

"Posiblemente tengo que ir a Argentina, no sé cuánto tiempo me va llevar encontrarla, pero si tengo que quedarme a vivir en ese país, me quedo. Porque presiento que allí la voy a encontrar."

Dimitri escuchaba a su nieto con atención. Admiraba su entusiasmo por encontrar a su madre, pero pensó que el joven no había pensado como iba a proceder sin tener suficientes recursos económicos. Pensó que iba a hablar con uno de sus amigos que tenían negocios en Argentina, pero no le dijo nada porque no quería que se entusiasmara en vano. Solamente le dijo,

"Martin me gustaría que vuelvas en dos días, no hagas ningún plan de viajar a Argentina hasta que vuelva aquí; posiblemente te voy a poder ayudar."

Después de despedirse de sus abuelos volvió a su departamento, Antonio lo estaba esperando, estaba ansioso porque quería saber que había pasado en la casa de sus abuelos. Martin estaba excitado, no sabía dónde comenzar a contarle, lo primero que le dijo fue,

"Antonio hoy ocurrió lo que había estado buscado desde que salí de Bulgaria, lo encontré hoy en la casa de mis abuelos. Me dieron una pista donde mi madre puede estar; aunque es una información vaga la voy a seguir. Según una amiga de mi abuela. Mi madre estuvo en un crucero que iba a Argentina, hay muchos detalles que me inclinan a creer que la mujer que vio, era mi madre. Uno de los indicios es que estaba vestida con ropa gitana, que era rubia y a que había visto bailando la misma danza que bailó cuando mi abuela la vio en un campamento gitano."

Antonio quería saber más, estaba seguro que su amigo ya tenía planes para buscar a su madre, no obstante, le preguntó.

"¿Querido amigo que planes tienes ahora?"
"No estoy seguro, pero creo que lo mejor es que vaya a Argentina; es lo único que puedo hacer si quiero encontrarla."

Martin se disculpó, fue a su dormitorio, quería estar solo, además, quería escribirle a Verónica, no sabía que ella había muerto. Después que terminó la carta se recostó en la cama, puso sus brazos debajo de su cabeza, y comenzó a reconstruir el maravilloso momento que vivió cuando abrazó a sus abuelos. También pensó que algún día tendría la suerte de encontrar a su padre. Sabía que tenía enfrente suyo una larga jornada para encontrar a su madre. Se quedó dormido haciendo planes.

Dos días después fue a la casa de sus abuelos. Alina and Dimitri lo recibieron con los brazos abiertos. Se sintió como si los conocía durante toda la vida. Se sintió adorado por su abuela, pero Dimitri, era más reservado con sus sentimientos. Ambos sabían que Martin era la única persona que podría encontrar a Pavla.

Martin quería preguntarles si ellos sabían dónde estaba su padre. Pero no se animó; estaba seguro que su madre se había ido de la casa porque ellos no habían aceptaron al amante de su hija.

Martin no se imaginaba porque su abuelo lo había invitado, se imaginó que él quería saber más de su vida; como había crecido, quien eran los padres adoptivos y que educación le dieron.

Cuando Dimitri se enteró que su nieto estaba trabajando en una fábrica como maquinista, frunció las cejas desaprobando ese tipo de trabajos, pero no dijo nada.

Cuando terminaron de cenar, Alina fue a preparar café para su marido y su nieto, se imaginó que su marido quería hablar con el joven. Cuando Alina salió de la sala de estar, Dimitri le dijo,

> "Alina quiere ir a Argentina para buscar a tu madre. Pienso que es mejor que seas tú quién la va a ir buscar. Sé que tú quieres ir a Sud América, pero me preocupa por no estoy seguro si tu situación económica te lo permitirá. Ayer hablé con un amigo que tiene un negocio de comercio Internacional de telas para trajes de hombres. Compra lana bruta en Argentina y luego exportan la tela procesada. Producen telas para trajes de hombres de alta calidad."

Martin escuchaba con atención a su abuelo. El sabía que su situación económica solo le permitiría comprar el boleto de viaje. Había pensado que tenía que buscar empleo inmediatamente después que llegaba en Argentina. Estaba consiente que iba a ser difícil encontrar trabajo, especialmente porque no hablaba el idioma. No sabía que era lo que su abuelo tenía en mente.

Antes de proponerle una solución a su condición económica, Dimitri notó que el joven estaba nervioso. Pensó que posiblemente estaba nervioso por lo difícil que iba a ser ir a un lugar donde no conocía a nadie y especialmente no hablaba el idioma. Esperaba que el joven fuera a aceptar la propuesta financiera que él le iba a proponer. Le dijo,

"Martin el dueño de una fábrica de telas para trajes de hombre es un amigo mío. Me dijo que ellos están buscando a una persona que los represente en Argentina. Les propuse que tú fueras ese representante. Les gustó la idea, pero me dijeron que querían entrenarte por un periodo de seis meses antes de que fueras a Argentina. Sé que tu estas impaciente para ir a buscar a tu madre, pero me parece que lo que te ofrecen es lógico, ya que vas a tener un buen trabajo mientras buscas a tu madre. ¿Qué piensas? no tienes que contestarme ahora. Siempre eres bienvenido a nuestra casa. Además, quiero decirte que puedes comenzar a trabajar cuando quieras, pero no dejes pasar mucho tiempo. Nosotros te vamos ayudar."

Martin estaba emocionado, no sabía que decir, esa era la oportunidad que él deseaba para poder ir buscar a su madre sin tener preocupaciones económicas. Tomó el tiempo necesario para calmar sus nervios y le dijo,

"Abuelo, mañana voy a presentar mi renuncia a mi trabajo e inmediatamente voy a comenzar a trabajar en la firma de su amigo. También voy a comenzar a hacer planes para viajar a Argentina. Además, voy a comenzar a estudiar español."

Alina entró en sala, traía una bandeja con tres tazas de café y macitas búlgaras. Desde que salió de Bulgaria no había comido nada de la cocina búlgara. Estaba contento de estar con sus abuelos.

Alina quería que él se fuera a vivir con ellos, pero Martin, no quería abandonar su vida libre y estar atado a nadie, tampoco quería dejar a Antonio solo.

Era tarde cuando llegó a su casa, sabía que tenía que hablar con Antonio de la propuesta que el abuelo le había hecho. No sabía cómo reaccionaría su amigo, se sentía incómodo, pero en ese momento él sabía que lo más importante en su vida era encontrar a su madre.

Antonio, se puso contento, porque sabía que su amigo tenía una la meta, y pensó que él podría ayudarlo, le dijo,

"Martin sé que tú quieres encontrar a tu madre y en un corto tiempo vas a viajar. A mí también me gustaría viajar a Argentina, para tratar de encontrar un mejor futuro. Tengo dinero ahorrado y voy a poder pagar mi viaje. Quiero pensarlo, quiero hablar con mis padres, es posible que ellos me ayuden. A lo mejor si vamos juntos nos podemos ayudar mutuamente, además, tu puedo ayudarte a encontrar a tu madre, será más fácil para los dos."

Martin se emocionó, se levantó lo abrazó y le dijo,

"Gracias amigo, tenemos mucho que hacer, porque esto es solo el comienzo."

Martin pasaba los fines de semana con sus abuelos. Ellos le contaron muchas cosas de la vida de Pavla. Una tarde cuando Alina y él estuvieron solos, le dijo.

"Martin, me siento culpable, porque el día que nos enteramos que tu madre estaba embarazada, no supe luchar, para que Dimitri no la echara de la casa. Pavla era muy joven, me imagino lo que debe haber sufrido. Estuvo sola, hasta que la encontraron los gitanos y ellos la ayudaron a tener su bebe. No sé qué paso la noche que desapareció. Sé que tu abuelo también se siente culpable, aunque él nunca diga nada, él está arrepentido de haberla abandonado en el momento más difícil de su vida. La abandonamos cuando ella nos necesita más. Espero que haya encontrado su felicidad, en el lugar donde ella está.

Martin se sentía conmovido, tomó las manos de su abuela entre las suyas, las besó y le dijo,

"Abuela sé que ustedes han sufrido mucho y comprendo vuestro dolor. Han pasado más de 25 años desde que ocurrió esa desgracia; lo único que puedo decirles es que tengo el presentimiento que un día voy la encontrar a y la voy a traer aquí. Dentro de unos meses voy a viajar a Argentina. No sé cuánto tiempo me va a llevar encontrarla, pero sé que tarde o temprano la voy a encontrar."

Martin no comentó sobre su primer amor, pero tenía la esperanza que un día la encontraría en algún lugar,

Alina también quería hablar de Albert, su padre, Aprovechó el momento que estaban solos para decirle,

"Martin, tu padre se llama Albert. Era el hermano de una amiga de tu mama, eran jóvenes, él tenía 18 años de edad y tu mama tenía 17. Se enamoraron y tú fuiste el fruto de ese amor. Yo creo que él nunca olvido a tu madre. Ahora vive con su madre en la casa de ella. Está soltero. Le tengo lástima porque, nunca comprendimos sus sentimientos; es un buen hombre. Me gustaría que algún día antes de irte a Argentina lo visites. Estoy segura que cuando ustedes se encuentren va a ser un día feliz para ti y para él."

Martin, no dijo nada, por un instante sintió que su corazón latía rápidamente, nunca se había imaginado que un día podría conocer a su padre, siempre estaba obstinado en encontrar a su madre. Casi murmurando dijo,

"Abuela para mi este es regalo de la vida que nunca lo no había esperado. Me gustaría conocer a mi padre, me imagino que él también debe haber sufrido mucho."

Alina, se puso contenta de ver como su nieto reaccionó, estaba tan emocionada que no pudo contener sus lágrimas. Tenía la esperanza de que Dimitri comprendiera que lo que había pasado entre Albert y Pavla era parte del pasado y Martin era el presente. Tenía la esperanza que un día Dimitri abrirá las puertas de nuestra casa y Albert será parte de nuestra familia.

"Martin, me voy a poner en contacto con tu padre para que lo visites en su casa.
Mañana le voy a enviar un mensaje. Tienes que verlo antes que te vayas a Argentina."

Una semana más tarde, Martin tuvo la oportunidad de conocer a su padre. Ocurrió durante el atardecer; El sabía que un día iba a encontrar a su padre en la casa de sus abuelos. No se sorprendió de ver a un hombre alto y robusto en la entrada de la casa, tenía algunas canas prematuras. Notó que estaba tenso, mientras se acercaba a él; pensó.

"Ese hombre es mi padre ¿Qué hago, lo abrazo o le doy la mano?"

No pudo resistir su impulso de abrazarlo y le dijo con emoción lo que nunca se había imaginado que tendría la oportunidad de decirle.

"Papá"

Albert abrazo a su hijo, él también estaba emocionado. Sabía que Pavla estaba esperando un niño cuando desapareció. Cuando Alina le envió un mensaje diciéndole que había encontrado a su hijo. No pudo dejar de pensar en ese hijo que nunca conoció. Con cariño en su voz dijo,

El viewto se llevó las cenizas

"Tú eres lo único que tengo de mi Pavlina."

Le dijo a Martin,

"Gracias hijo por encontrarme, nunca me hubiera imaginado tenerte en mis brazos, espero que un día también puedas encontrar a tu madre, ese es mi sueño."

Dos días después Antonio vio a Martin y su padre, estaban sentados en uno de los sofás de la sala de estar de la pensión. Martin interrumpió su conversación con su padre y le dijo.

"Antonio quiero presentarte a mi padre"

Antonio no quiso quedarse mucho tiempo porque se imaginó que ellos tenían mucho que hablar. Se fue a su habitación y los dejo solos. Albert pensó que se estaba haciendo tarde, pero antes de irse a su casa, le dijo,

"Hijo antes que viajes a Argentina quiero que vengas a mi casa y conozcas a mi madre, tu otra abuela. Mi padre hubiera estado orgulloso de ti."

Después que su padre se fue a su casa, fue a la habitación de Antonio. Cuando lo vio se levantó de la cama y le dijo con tono firme,

"Martin, llegué a la conclusión de que quiero ir a Argentina contigo. Quiero buscarme un porvenir y sé que aquí, no voy a progresar."

La decisión de Antonio lo tomó de sorpresa, pero se alegró de que su amigo quería viajar con él. Lo abrazó y le dijo,

"Antonio juntos vamos a progresar y juntos vamos a encontrar a mi madre, gracias por todo lo que has hecho por mí, eres un verdadero amigo."

Capítulo 16- En Argentina

Pensó que esa mujer podía ser su madre.

Unos días antes de viajar a Argentina, Adelina viajó a Roma para visitar a su hermano. No parecía la misma, ahora vestía con ropa menos provocativa y parecía más seria. Además, era feliz porque estaba comprometida para casarse. Pero no obstante de todo la que había pasado en sus vidas, Martin y Adelina siguieron siendo amigos.

Estaba contenta porque su hermano iba en busca de un mejor porvenir. El encuentro de los dos hermanos fue muy emotivo. Adelina le trajo la bendición de sus padres, que por razones de salud no pudieron viajar para despedirlo. Se quedó en Roma hasta el momento que los dos jóvenes partieron rumbo a Argentina, la despedida fue muy emocionante.

La tarde antes de partir, Martin visitó a su abuela Antonia. El encuentro fue muy emocionante. Ella lo abrazó y le dijo entre llantos,

"Querido nieto, quiero darte las gracias por haber traído la felicidad a tu padre. Has hecho lo imposible y tengo en mi corazón la esperanza que un día vas a encontrar a tu madre y todos vamos a estar juntos."

Antonia era una mujer anciana, caminaba con dificultades, pero cuando vio a su nieto se acercó rápidamente a su nieto, lo abrazó y con ternuras acarició su cabello y le dijo,

"Eres tan buen mozo como lo era tu padre."

Martin por un lado estaba triste porque dejaba a su nueva familia detrás. Le hubiera gustado haber estado más tiempo con su padre y sus abuelos paternos, pero él tenía una misión por delante, tenía que encontrar a su madre.

Antes de embarcarse, abrazó a su padre y a sus abuelos. Se puso contento porque vio que tanto la familia de Pavla, como la de su padre estaban juntos. Estaba callado, parecía como si estuviera observando el horizonte, estaba distraído pensando cuan feliz seria si con ese grupo también estaría su madre.

Pensó que a medida que el barco se alejaba del muelle, el se alejaba de Verna. Se quedó en la cubierta del barco hasta que el puerto desapareció en el horizonte.

Los días pasaron lentamente, pasó mucho tiempo jugando al ajedrez con Antonio y otros pasajeros. Se levantaba al amanecer para observar la salida del sol. También le fascinaban los atardeceres especialmente cuando el sol se escondía entre las nubes emanado colores maravillosos, no se cansaba de tomar fotos.

Durante las noches, mientras los pasajeros de primera clase escuchaban música en el salón, él la escuchaba sentado en la cubierta. A veces escribía y otras hacia planes en su mente para encontrar a su madre. Había estudiado la geografía de Argentina, pensó que lo mejor era comenzar a buscarla en la ciudad de Buenos Aires. También hizo planes para comenzar con su trabajo.

Antonio por su lado, estaba la mayor parte del tiempo acompañado por una joven italiana. Ella viajaba con su familia. Martin pensó que su amigo se había enamorado de la joven.

La última noche que estuvieron en el barco, el Capitán anunció que estaban llegando al puerto de Buenos Aires y que desembarcarían durante las primeras horas del día siguiente, posiblemente durante la mañana. Esa noche abrió la cubierta superior para todos los pasajeros.

Todos gozaron de la última noche. Martin gozaba porque había llegado al final de un pasado que dejaba detrás cuando desembarcara. Aunque aún no sabía dónde tenía que comenzar, sabía que tenía una nueva vida en un país que no conocía.

Antonio se acercó, estaba acompañado por dos jóvenes hermosas. Puso la mano en el hombro de Martin y le dijo,

> "Amigo, vamos a bailar y beber cervezas, recuerda que estamos dejando detrás todo lo que hemos vivido; estoy seguro que estas dos jóvenes te van hacer olvidar el paso y no te van a dejar pensar en el futuro, estoy seguro que con ellas vas a vivir el presente contigo."

Martin sonrió y fue con ellos, pero no dejó de pensar en lo que le espera cuando desembarcara. Solo estuvo con ellos por unos minutos.

La mañana del 12 de diciembre de 1927, el barco amarró en uno de los muelles para viajes internacionales. Antes de entrar en la pasarela que lo llevaba al muelle, se dio vuelta, no vio nada de su pasado, todo había desaparecido, una nueva vida lo espera. Siguió caminando hasta que llegó a la oficina de emigración.

El viento se llevó las cenizas

No tuvo que esperar mucho tiempo porque Antonio salió de la oficina de emigración unos minutos después que él. En la oficina le informaron que podía alojarse en el edificio de YMCA. El edificio estaba ubicado cerca del puerto. Se instalaron en dos habitaciones. Martin salió a caminar y comenzar a conocer la ciudad de Buenos Aires, Admiró algunos de los edificios de la Avenida Rivadavia.

Al día siguiente salió salió temprano caminó en la calle Corrientes, fue en dirección opuesta al puerto hasta que llegó a barrio Once. Sin saberlo llegó al lugar donde comerciantes vendían telas para toda clase de vestimentas. Además, había muchos negocios de ventas al por mayor.

Casi corriendo volvió a al edificio del YMCA, buscó a Antonio, cuando lo encontró gritando le dijo,

> "Antonio encontré un lugar donde podremos instalar nuestro negocio. Vamos te enseño, no está lejos de aquí."

Salieron apurados del edificio y caminaron en dirección al barrio Once. Martin estaba entusiasmado cuando le dijo,

> "Ves aquí viene mucha gente para comprar mercaderías al por mayor. Podríamos

alquilar un local y tomar órdenes de los sastres y venderles nuestras mercerías. Mañana podemos ir a buscar un local chico, y traer del puerto las telas que trajimos con nosotros."

Antonio, también estaba entusiasmado. Le dijo.

"Martin cuando lleguemos a nuestro cuarto podemos hacer planes, podemos organizarnos para trabajar y al mismo tú puedas buscar a tu madre."

Antes de ir al edificio de YMCA fueron a cenar en un restaurante criollo, cenaron un plato de carne asada a la parrilla; ambos gozaron de la cena porque era la primera vez que comían el plato típico de Argentina. Antonio dijo,

"Eso que hemos comido aquí lo llaman churrasco asado, nunca había gustado la carne condimentada con chinchurria, es muy sabroso."

Cuando llegaron a sus cuartos estaban cansados, no estaban con ánimo para sentarse y hacer planes. Pensaron que lo mejor era que se fueran a descansar y hacer planes al día siguiente.

El viento se llevó las cenizas

Al día siguiente y después de varias horas de trabajo completaron un plan de acción. Habían planeado que Antonio se hiciera cargo de la atención de la clientela que visitaba el negocio y que Martin se encargara de promover los artículos en el interior del país. Eso le daría más posibilidades de encontrar a su madre.

Decidieron alquilar un local pequeño. Querían desplegar en la vidriera y en local las telas que habían traido de Italia. Ambos sabían que no tenían suficiente dinero para hacer todo lo que ellos habían programado. Martin decidió ir a trabajar como obrero de construcción.
También fue un boxeador amateur en varias ocasiones.

Esa misma tarde alquilaron un pequeño local, Antonio estaba contento porque el local tenía una vidriera grande y estaba equipado con un mostrador y estanterías.

Al día siguiente fueron al puerto a buscar los bultos que contenían las telas que habían traído de Italia. A pesar de que el local era chico y tenían poca mercadería estaban contentos porque ya se habían instalados.

Como habían programado, Antonio estuvo al frente del negocio y Martin fue a trabajar como peón. Los primeros meses fueron duros.

El viento se llevó las cenizas

Durante el primer mes solo vendieron telas a algunas sastrerías locales.

Antonio demostró ser un buen comerciante, hizo arreglos con algunos sastres para que sus clientes eligieran las telas para sus trajes en su negocio.

Pasaron dos años, el negocio progresaba lentamente. Una mercería del interior del país ordenó tela de color azul marino para confeccionar cincuenta uniformes de una escuela privada. El director de la escuela había visitado el negocio para elegir la tela para que su sastre le hiciera un traje; le llamó la atención una tela de color azul marino hecha con lana. Ese mismo día Martin dejó de trabajar como peón, y comenzó a promover las ventas en mercerías ubicadas en ciudades del interior. Compraron una camioneta. Estaban contentos porque comenzaron a progresar

Cuando Martin comenzó a viajar en el interior del país, dedico parte de su tiempo para buscar a su madre. Después de más de dos años de buscarla no encontró ningún indicio de ella. No sabía qué camino seguir, es más llegó a pensar que su madre no estaría en Argentina, y la pista que tenía no lo llevaba a ningún lado.

El viento se llevó las cenizas

Antonio pensó que no había más lugares donde buscarla. pensó que ya la habían buscado en todos los ámbitos. El dijo,

> "Martin, si Pavla estuviera en Argentina tendría que estar en algún lugar donde ella estaba restringida, podría estar presa."

Inmediatamente descartó esa posibilidad. Discutieron la idea de que podría estar en algún lugar, como ser en un prostíbulo, en el cual la tenían como una esclava blanca.

Martin no dijo nada, pero se quedó pesando lo que Antonio le había dicho. No conocía el carácter de su madre por esa razón no quiso descartar ninguna posibilidad, incluyendo que ella podría no estar en Argentina. Muchas veces pensó que nunca la encontraría.

Pasaron varios días, una mañana un hombre elegantemente vestido entró en el negocio, estaba acompañado por dos mujeres jóvenes. Antonio había conocido rufianes en Italia, cuando vio a ese hombre con dos mujeres pensó que sería posible que la mujer que Sarah había visto era Isabel y estaba con un rufián. Pensó que la madre podría ser una cortesana y posiblemente tenía miedo. Cuando estuvieron solos le dijo,

"Martin, cuando vi a ese rufián pensé que tu madre podría haber sido una cortesana y que ahora ella está en un prostíbulo."

Martin no reaccionó cuando escuchó a su amigo, pero después de unos minutos le dijo,

"Antonio lo que tú me has dicho, es la idea más lógica de toda las que tuvimos hasta el momento; me dio una nueva esperanza."

Hicieron planes para comenzar a buscar las direcciones de prostíbulos en Buenos Aires. Unos días antes habían sido contactado por un comerciante de Rosario llamado Benavides, para proponerles intercambio de representaciones de mercaderías, el representaba a una fábrica de origen británico.

Ambos estaban contentos porque el viaje a Rosario, le daba la oportunidad de visitar prostíbulos en el interior del país. Tenían intensiones de visitar al menos tres burdeles.

La noche antes de partir a Rosario ambos visitaron un burdel en el barrio la Boca. Todas las cortesanas eran jóvenes, y la Madama era Argentina. Se quedaron unas horas para ver parejas bailando tango, música casi desconocida para ellos.

El viento se llevó las cenizas

Martin estaba tenso, había pensado que podía encontrar a su madre en el primer prostíbulo que visitaban. Se desilusionó de no encontrarla, pero Antonio le dijo que tuviera paciencia,

> "Martin piénsalo bien, sería un milagro encontrar a tu madre en el primer burdel que visitemos. Tengo el presentimiento que la vamos encontrarla muy pronto."

Partieron hacia Rosario la tarde antes del día que tenían la reunión con el señor Benavidez. Era casi el anochecer cuando entraron a las cercanías del área Metropolitana de la ciudad. Pararon para cenar en un restaurante criollo.

Mientras Martin le indicaba al mozo le plato que había elegido, Antonio le dijo,

> Somos de Buenos Aires, estamos de paso y nos gustaría ir a un lugar donde podamos pasarla bien, podría recomendarnos algún lugar cercano.

Él mozo sonrió, y les dijo,

> "Señores sigan la carretera, en dirección a la ciudad hay un burdel donde ustedes van a poder entretenerse; van a encontrar muchachas bonitas. Si ustedes gustan

hasta pueden bailar con ellas; el lugar se llama "*Bellezas Rosarinas*"

Entraron en el salón del burdel, una mujer de edad media vestida elegantemente se acercó con una sonrisa en sus labios les dijo,

"Bienvenidos a nuestro palacio, mi nombre es María y estoy aquí para servirles. Por favor síganme, los voy a acomodar cerca de la plataforma de baile. Dos jóvenes bonitas los atenderán durante todo el tiempo que estén en mi palacio."

Se sentaron uno en frente al otro, ambos tenían plena vista del escenario. Martin, estaba serio, cuando María se fue, le dijo,

"Antonio no me gusta este lugar, parece ser un lugar muy vulgar. Voy a pedir una copa de vino tinto y cuando termine nos vamos, recuerda que aún no sabemos cómo es el hotel donde vamos a hospedarnos."

Antonio sonrió, sabía que su amigo estaba incómodo y no quería quedarse, trató de disuadirlo y le dijo,

"No te olvides que el señor Benavides debe haber hecho reservaciones en el hotel que nos recomendó. Quédate aquí por lo menos hasta que terminamos la botella de vino."

Una joven se acercó, acarició el cabello de Martin y le preguntó.

"Hola buen mozo, me llamo Juana, me invitas a tomar una copa de vino."

Intentó sentarse en la falda de Martin, pero él la rechazó. Uno minutos más tarde se fueron.

Llegaron al hotel donde el señor Benavides había hecho reservaciones. Cuando se registraron, el conserje les dio una nota del Señor Benavides.

"Bienvenidos a Rosario. A las 10 de la mañana mi chofer va a pasar a buscarlos."

Antes que la reunión de negocios con el Señor Benavides termine les dijo,

"Jóvenes antes de regresar a Buenos Aires les sugiero que visiten, *El Paraíso.* Estoy seguro que la van a pasar bien."

Decidieron quedarse en Rosario para ir al Paraíso, no pensaron en nada especial, pero Antonio le dijo,

"Martin no sé porque, pero siento que algo va a pasar a pasar aquí."

Esa noche, después de cenar fueron al salón. Una señora de edad mediana los recibió con una sonrisa. Martin notó que la señora se puso pálida cuando lo vio. No se imaginaba porque ella reaccionó de esa manera. Se dijo, asimismo,

"Debo haberle recordado a alguien."

La señora se acercó a Antonio y le dijo,

"Joven permítame que le presente a una joven encantadora, se llama Rita."

Martin, se quedó pensando porque esa mujer se puso pálida cuando lo vio. Antes de ir con Antonio la señora le dijo,

"Joven, por favor espéreme, vuelvo dentro de un minuto, quiero hacerle una pregunta. Por favor siéntese en uno de los sofás que hay en la sala de estar, no se vaya."

Cuando volvió, Martin estaba sentado en un sofá tenía el saco abierto, la medallita que siempre llevaba colgada de su cuello quedó expuesta. Era la misma que ella le había puesto en el cuello de su hijo cuando nació. Volvió a ponerse pálida, salió corriendo de la sala, fue a su cuarto, cerró la puerta y gritó con alegría;

"Es mi hijo, por fin lo encontré."

Volvió a la sala, vio que Martin se dirigía hacia la puerta para irse del salón, se acercó a él y le dijo,

"Por favor Martin vuelva mañana, tengo una sorpresa para usted."

Pensó quien podía esa mujer, y como sabía que su nombre era Martin, Y cuál era la sorpresa que le esperaba. Cuando llegó a su cuarto no podía sacarse de la mente lo que esa mujer le había dicho, hasta llegó a pensar que ella podía ser su madre.

Capítulo 17 – Verna la niña de la casa.

"Mi amor soy tuya, ámame intensamente. Nunca olvidaré este maravilloso momento. Ese día ambos perdieron su virginidad.

Verna nació in Vidin, era la única hija de Alina y Dimitri. Aunque era muy mimada parte de su crianza fue delegada a niñeras que la cuidaban cuando sus padres gozaban largas vacaciones en Europa. Durante su niñez no tenia amigas porque la mayor parte del tiempo estaba estudiando con profesores particulares.

Cuando cumplió quince años sus padres la llevaron a la hacienda que tenían en Ruse para que viera el potrito negro que recién había nacido. Su padre le dijo,

"Verna hoy vamos a la hacienda, vas a ver al caballito que recién nació, sé que te va gustar mucho, es de color negro.

El viento se llevó las cenizas

Atanas, el capataz de la hacienda le explicó que el potro que recién nacido, relinchó como un trueno. Verna sonriendo le dijo,

"Atanas por eso lo voy a llamar *Trueno Negro.*"

Después de ese día, siempre quería visitar la hacienda porque quería estar con Trueno Negro, después del primer año, lo cabalgó por primera ves. Atanas se extrañó cuando vio a Verna montar el caballo sin montura. La vio cabalgar y pensó,

"La señorita cabalga el potro como si hubiera nacido cabalgando, la afinidad entre ambos era increíble. El movimiento de ambos estaba sincronizado; el cabello de Verna estaba extendido en la misma dirección de la cola del potro cuando galopaba rápido."

Pasaron tres años. Como ocurría en los años anteriores, Verna iba a la hacienda para ir a ver a su Trueno Negro. Una mañana, como lo hacía siempre, fue al establo muy temprano para salir en su paseo matinal con su caballo. Vio a un joven que estaba cepillando el lomo de su caballo. Se puso celosa, ese era su caballo, pero cuando vio al joven sintió cosquillas en su estómago, de repente se sintió tímida, sobre todo cuando sus ojos se encontraron. Amablemente le dijo,

"Ese potro es mío me lo regaló mi padre para mi cumpleaños. Mi padre es el dueño de este establo."

Martin se dio vuelta, vio a una joven que se acercaba caminando lentamente. El cabello rubio iluminado por los rayos de sol fue lo primero que lo atrajo, no sabía que decir, casi murmurando y titubeando le dijo,

"Me llamo Martin, ayer comencé a trabajar en la estancia El dueño de la hacienda me contrató para que limpie el establo y cuide los caballos.

Verna sintió que no tenía palabras para expresarse, quería que el joven la acompañara en su paseo matinal, aunque sabía que sus padres no le iban a permitir que ella fuera acompañada por un peón, solamente le dijo,

"Por favor, póngale la montura."

Verna se fue cabalgando en dirección al rio Danubio hasta que llegó a la orilla. Se imaginó que estaba sentada en una piragua con el joven que recién había conocido. Cerró los ojos, tenía la imagen de Martin en su mente, él estaba remando lentamente, to estaba en silencio, interrumpido solamente por el vuelo de algunos pájaros, todo era muy romántico, hasta pensó que él le había acariciado su cabello.

Se desmontó y caminó unos pasos, se detuvo para ver como una pequeña lancha pesquera se desplazaba lentamente mientras el pescador tiraba la red al aire.

No quería volver a hacienda, quería que Martin la viniera a buscar, quería caminar tomados de la mano, siguiendo la línea del borde del rio. Pasaron varias horas, estaba cansada, se recostó sobre una roca, y se quedó dormida. Trueno Negro permaneció cerca de ella.

Verna no tenía idea cuanto tiempo había dormido, se despertó cuando escuchó la voz de Martin, fingiendo estar dolorida, con una breve sonrió le dijo,

"¿Dónde estoy?'

Verna le dio la mano para que la ayudara a levantarse, fingió perder el balance, Martin reaccionó inmediatamente, la agarró por la cintura para que no se caiga. Se sintió segura en los brazos fuertes del joven. Se imaginó que ella estaba besándolo.

El viento se llevó las cenizas

Martin le ofreció que montara su caballo, pero ella insistió en regresar a la hacienda cabalgando Trueno Negro, no quería que se alarmaran.

Atanas se sintió aliviado cuando los vio llegar, trató de ayudarla, pero ella se resistió y sola se desmontó del caballo y caminó hacia el interior de la casa.

Atanas no quería tomar riesgos y le dijo a Martin,

"De ahora en adelante, la señorita no sale sola a cabalgar" miró a Martin y le dijo, "Tú la vas a acompañar."

Verna fingió nuevamente estar enojada, pero en realidad, lo que ella quería era estar sola con su imaginario amante; estaba segura que ella le gustaba. No dijo nada miró al joven y se fue caminado al interior de la casa.

Cuando llegó a su habitación se acostó en la cama, puso sus manos debajo de la cabeza y sonriendo se dijo a sí misma,

"Es maravilloso lo que me está pasando, estoy enamorada"

Llamó por teléfono a su amiga Nadia, y le dijo,

El viento se llevó las cenizas

"Nadia, esta mañana conocí al hombre de mi vida. Y lo voy a ver todos los días porque el capataz le ordenó que acompañé cuando salgo a pasear con Trueno Negro."

Nadia quería saber todos los detalles, especialmente quería saber cómo era el joven y que fue lo que de él la había impresionado amorosamente. Verna quería compartir con su amiga todo, pero prefirió contarle todo en persona.

El amor floreció entre los dos jóvenes, salían a horas tempranas de la mañana, a veces con la complicidad de Nadia se encontraban y estaban juntos por muchas horas en algún café de la ciudad.

Una mañana, mientras caminaban en la orilla del rio, Verna escuchaba lo que Martin le contaba, de los pasos que él había tomado para encontrar a su madre. Se sintió triste porque aún no la había encontrado, Además sintió pena porque él no tenía ninguna pista que lo guiara para encontrarla. Tomó la mano de Martin y le dijo,

"Lo siento mucho y yo también estoy triste porque tengo que ir a Sofía."

Verna mientras lo acariciaba pensó,

El viento se llevó las cenizas

"Es el hombre que amare toda mi vida."

Se acercó, lo besó apasionadamente, y le dijo casi susurrando en sus oídos,

"Mi amor soy tuya, ámame intensamente. Nunca olvidaré este maravilloso momento. Ese día ambos perdieron su virginidad.

Pasaron varios meses, Verna regresó a la hacienda con sus padres, pero le prohibieron que vea a Martin es mas el no la iba a acompañar más en sus paseos con Trueno Negro porque Atanas había sospechado que los jóvenes estaban enamorados.

Verna llamó a su amiga Nadia. Ambas fueron a la casa de Martin y de allí fueron a la casa de su amiga. Se quedaron hasta altas horas de noche.

Cuando Verna regresó a su casa Anastasio, su padre, la estaba esperando, además de estar preocupado, estaba enojado. Con voz firme le preguntó,

"¿Dónde fuiste y con quién estabas?"

Verna pensó que ella no tenía nada de qué avergonzarse, con voz firme, le dijo,

"Papá estuve con Martin el hombre que amo."

Con el rostro deformado por la ira, Anastasio le dijo,

"Ese hombre no es más que un peón, que porvenir te espera con él, no voy a dejar que te arruines tu vida. Ahora mismos nos vamos a Sofía, y te prohibió que lo vuelvas a ver. "

Verna nada podía hacer, se sentía como prisionera, fue a su dormitorio, quiso llamar a su amiga, pero su padre entró en la habitación sin darle tiempo para que la llamara. Con un gesto enojado, casi gritando, le dijo,

"Ahora mismo vamos a Sofía, deja todo como esta y nos vamos."

El padre no quería escuchar lo que Verna trataba de decirle, solamente decía,

"No voy a dejar que te arruines tu futuro. Cuando lleguemos a casa quiero que vayas a tu habitación y no salgas. Ayer Atanas despidió a Martin él no va a trabajar más en la hacienda."

Durante la tarde Verna estuvo sola en la casa, aprovechó para llamar a Nadia por teléfono.

Nadia se alegró de escuchar la voz de su amiga, pero se alarmó cuando la escuchó llorar; alarmada le preguntó,

> *"¿Qué te pasa, porque estas llorando?"*
> "Nadia, estoy en Sofía, ayer mi padre, me trajo porque no quiere que vuelva a ver a Martin, estoy desesperada, no puedo comunicarme con él. Necesito decirle que lo amo y que voy a encontrar alguna manera para verme con él. Por favor Nadia anda a su casa y habla con él, explícale lo que está pasando en mi casa y decile que quiero verlo."

Nadia sintió pena por su amiga, pensó que era tarde para ir a la casa de Martin, pero podía ir a día siguiente. Le dijo,

> *"Verna, mañana temprano voy a ir a su casa, y si tú quieres puedo ir con él a Sofía para que ustedes puedan hablar, estoy segura que ustedes tienen mucho de qué hablar. "*

Verna quería ir a Ruse, sabía que el viaje le llevaría de 5 a 6 horas. Le dijo a su amiga;

> "Nadia quiero ir a verlo después que tu hables con él. Por favor llameme inmediatamente después que lo vestes."

El viento se llevó las cenizas

"Está bien Verna, te llamo mañana después que hable con Martin."

Verna revivió los momentos que había estado con su amante, recordó cuando él la tomó en sus brazos y la besó por primera vez, Se quedó dormida con una sonrisa en su rostro,

Al día siguiente, Nadia, como le había prometido a Verna, fue a la casa Martin. Verónica le dijo,

> "Señorita, esta mañana, antes de amanecer, Martin partió en dirección a Rome. Creo que va a pasar mucho tiempo antes el vuelva."

Nadia, fue rápidamente a la frontera con Rumania, tenía esperanzas de encontrarlo, se desilusionó cuando no lo encontró.

Nadia, sabía que Martin debía haberse sentido triste, especialmente no sabiendo como Verna se sentía cuando fue forzada a irse de la hacienda. Aún estaba triste cuando llamó por teléfono a su amiga y le dijo,

> "Lamento decirte que Martin se fue de la casa, su madre me dijo que Martin había partido rumbo a Roma. Fui a la frontera, pero no lo vi."

Verna sabía porque él se había ido de su casa. Se sintió deprimida por no haber tenido oportunidad de despedirse; es más ella hubiera ido con él a Roma y apoyarlo en la búsqueda de su madre.

Pasaron varias semanas, Verna sabía que no iba a recibir ninguna noticia de su amante. Pero estaba desesperada, quería saber de él. Una mañana, salio de la casa sin decir nada a nadie. Fue a la casa donde Martin vivía con su madre adoptiva. Verónica abrió la puerta de la casa, y la invitó a que entrara.

Estaba triste, no podía hablar, con un impulso abrazó a Verónica y le dijo,

> "Señora, estoy enamorada de su hijo, sé que él se fue a Roma porque quiere encontrar a su madre. Mis padres me prohibieron verlo y no tuve oportunidad de despedirme de él antes que se fuera, no sé dónde lo puedo encontrar. Hoy vine aquí porque quiero que me ayude. Quiero verlo, quiero explicarle todo lo que paso desde el día que mi padre me prohibió encontrarme con él."

Verónica comprendió la pena de la joven, ella también estaba triste porque sabía cuánto su hijo amaba a la joven, también estaba triste porque ella misma no sabía dónde estaba su hijo. Ambas se abrazaron, estaban apenadas por la misma razón.

Verna estaba contenta porque había tenido la oportunidad de escuchar momentos de la niñez de Martin. El tiempo pasó muy rápido Era tarde. Verna miró el reloj, hizo gesto como su estuviera diciendo que era tarde, se levantó para irse, pero Verónica, le dijo,

"No hija, no creo que deberías viajar de noche, es peligroso porque hay muchos bandidos; puedes quedarte a dormir en la habitación de mi hija.
"Estoy segura que mis padres deben estar muy preocupados, tengo que hacerles saber que estoy bien."
"Puedes llamar por teléfono a tus padres para decirles que estas en mi casa."

Estaba segura que si se quedaba en la casa de Martin su padre no aceptaría y la castigaría. Pensó que lo mejor era llamar a Nadia para que la fuera a buscar.

Ya era de noche cuando Nadia llegó, se fueron juntas, antes de irse abrazó a Verónica y le dijo;

"Señora por favor por hágame saber cuándo sepa algo de su hijo, aquí le dejo el número de teléfono de mi amiga Nadia."

El viento se llevó las cenizas

Cuando llegaron a la casa de Nadia, llamó a sus padres. La madre atendió, y le dijo,

"Mamá estoy en la casa de Nadia, vine a verla"

Verna escuchaba los gritos de Anastasio, pero la madre estaba aliviada porque nada le había pasado a su hija, le dijo,

"Hija estaba muy preocupada, no sabíamos dónde estabas. Estoy segura que haber alguna otra razón por la que visitasteis a tu amiga. Cuando vuelvas tenemos que hablar."

Sabía que su madre iba a comprender su desesperación. Además, le iba a dar consejos, le dijo,

Si Mamá, tenemos que hablar. Mañana temprano voy a volver a casa.

Cuando llegó a la casa, lo primero que hizo fue buscar a su madre, estaba excitada. Cuando la encontró, corrió hasta que estuvo frente a ella; la abrazó y le dijo,

"Mamá estoy desesperada porque el hombre que amo desapareció de mi vida. Sé que está en Roma, no creo que él sabe dónde vivo, y no sé si algún día se va a poder ponerse en contacto conmigo."

Dana, la madre, comprendió lo que su hija estaba sufriendo, puso un brazo en su hombre y le dijo,

"No sé mucho del joven que estáis enamorada, sé que trabajaba en la hacienda como peón. Sé que el día que tu padre te prohibió verlo, habías estado hasta tarde con él. Hija mía sé que enamorarse de una persona no es algo que hacemos premeditadamente, nace en nuestro corazón. Quiero que me cuentes todo."

Verna quería hablar con su madre, quería contarle como era Martin y cuál era su gol.

"Mama, solo sé que Martin es un buen hombre, él fue abandonado cuando era un infante, ahora él quiere encontrar a la mujer que lo dio a luz, Por eso esta en Italia. Nació en un campamento gitano y todos dicen que a la madre la mataron unos bandidos. Él fue a Italia para encontrar a sus abuelos porque él piensa que su madre está viva."

Dana pensó que podría conocer a la madre de Martin se imaginó que debía ser de la misma edad que ella conocía desde niña, le preguntó,

"¿Hija sabes cómo se llamaba la madre de Martin?"
"Si Mamá, se llama Pavlina Estimova."

Dana se quedó pensativa, después de unos instantes dijo.

"Verna conozco a esa mujer, hace muchos años desapareció, era la hija de Dimitri y Alina. Ellos Vivian en Vidin. Después que Pavlina desapareció se fueron de Bulgaria, creo que están en Italia."
"Mama la madre adoptiva de Martin me dijo que él fue a Roma para buscar a sus abuelos. Él pensaba que sus abuelos sabrían donde estaba su madre."

Dana, tomó la mano de su hija y le dijo,

"Sé que estáis enamorada de Martin, tengo la impresión de que él en este momento tiene una misión en su vida, y es la de encontrar a su madre, si es que ella está viva.
"Mamá, no sé qué hacer, sin él me siento sola."
"Hija creo que tendrías que salir con tus amigas, ir a fiestas y divertirte. Sé que el

primer amor es el que nunca se olvida,
pero creo en algún momento podría abrir
corazón a otro hombre para quien tu serias
la mujer de su vida. Hija eres joven y tienes
que gozar de la vida."
"No Mamá no puedo y no quiero encontrar
a otro hombre; Martin es y será el único
hombre que quiero."

Capítulo 18 – Verna y David

La noche era clara, la luna iluminaba los árboles, las flores del jardín estaban obscurecidas, no obstante, con la fragancia que emanaba creaba un ambiente romántico

Verna no quería escuchar a su madre, sentía que ella no la comprendía, quería que su madre la ayudara y no que tratara de disuadirla. Ella estaba segura que amaría a Martin toda su vida y nunca lo iba a olvidar. Le dijo.

"Mamá no quiero buscar otro hombre, no puedo querer a nadie más que a Martin; estoy enamorada de él y nada va a cambiar lo que siento por el. Sé que ahora lo único que puedo hacer is estar con mis amigas y tratar de distraerme."

No paso mucho tiempo para que Verna volviera a visitar a Verónica. En una de las vistas se enteró que Martin estaba en Venecia, le dio la dirección donde él estaba. Se extrañó, porque pensaba que estaría en Roma. Le escribió una carta, pero nunca recibió respuesta. Es posible que él ya se hubiera ido a Roma.

El viento se llevó las cenizas

La última vez que fue a la casa de Verónica fue para averiguar si su madre adoptiva sabía donde Martin estaba, había pasado más de un año desde que él se había ido de Ruse. Clara la recibió, aunque no se conocían Verna sabía que era la hermana de Martin. Se extrañó no ver a Verónica, antes que le preguntara por ella, Clara le dijo,

"Mi madre falleció el mes pasado, sé que usted quiere saber dónde está mi hermano. Entre los papeles que encontré vi una carta de él, donde le decía que había encontrado a sus abuelos y que ellos habían escuchado rumores que la hija estaba en Argentina, bajo el nombre de Isabel."

Verna, se puso pálida, pensó que había perdido todo contacto porque se iba a un país tan lejano, tenía miedo de no verlo nunca más. No pudo contenerse, comenzó a llorar desesperadamente. Clara se acercó, la abrazó y le dijo,

"Verna, no sé si algún día Marín se pondrá en contacto conmigo. Sé que él tiene la obsesión de encontrar a su madre, y solo cuando la encuentre o esté convencido de que no está viva, el podrá volver a amar, espero que no sea tarde para la relación de ustedes."

El viento se llevó las cenizas

Verna, no contestó no sabía que decir, estaba confundida, por un lado, sabía que Clara tenía razón, por el otro lado tenía esperanza de que, en un futuro cercano, se encontrarían y todo volvería a ser como lo fue cuando estaban en la hacienda.

Volvió a su casa, caminaba como si estuviera sonámbula. Dana se alarmó cuando la vio entrar. Pensó que algo le había pasado porque la vio caminar lentamente y con la cabeza baja. Se acercó la tomó de un brazo como si quisiera ayudarla. Verna retiró el brazo, y siguió caminando mientras le decía,

> "Mama, todo terminó, Martin se fue a Argentina, nunca más lo volveré a ver. No sé qué voy a hacer sin él, mi vida no tiene sentido."

Dana pensó que lo mejor era dejarla sola con sus pensamientos, fue a la sala de estar, Anastasio estaba sentado en uno de los sofás, cuando la vio le dijo,

> "Dana, el ultimo día que estuve en Roma, me encontré con un señor anciano, al principio no lo reconocí, era Dimitri, te acordás, él vivía en Ruse. Lo encontré muy envejecido. Me comentó que se fueron a Roma porque no querían estar en la casa que le recordaba a la hija que había

perdido. También me dijo que habían encontrado al nieto que había sido abandonado con gitanos."

"Atanasio conozco mucho de la historia de esa familia porque nuestra hija está enamorada del nieto de Dimitri. El día que Atanas lo despidió de la hacienda se fue a Italia para buscar a sus abuelos. Verna fue a la casa de los padres adoptivos para preguntar si sabían dónde estaba Martin. Tu hija está desesperada porque ese joven se fue Argentina para buscar a su madre. Nosotros tendríamos que haberlo ayudado. Ahora nuestra hija está sufriendo."

"Dana siempre tenemos que protegerla; sabemos cuál su el problema, es joven y tenemos que apoyarla. Tenemos que ayudarla a que olvide a ese joven. Podríamos organizar una fiesta o llevarla de vacaciones. Creo que es muy importante que ella no lo recuerde. Además, cuando ella lo menciona no tenemos que contradecirla o darle consejos. Siempre tenemos que escucharla, especialmente cuando ella quiera desahogarse."

Esa tarde Verna llamó a su amiga. Se encontraron en un café. Verna le dijo,

El viento se llevó las cenizas

"Nadia, me siento terrible, hoy me enteré que Martin se fue a Argentina, y su hermana Clara no sabe dónde está."

Nadia tomó las manos de su amiga, sabia como se sentía y le dijo,

"Verna estoy segura que un día te vas a encontrar con él y cuando lo encuentres todo va a ser como fue cuando estabas contigo."

Un joven, alto y robusto, se acercó y saludó efusivamente a Nadia cuando le dijo,

"Nadia, hace mucho tiempo que no te veo ¿Cómo has estado?"

Nadia se sorprendió cuando lo vio, pensó que él no estaba en Bulgaria, le dijo,

"Me alegro de verte, David quiero presentate a mi amiga Verna."

David, tomó la mano de Verna y la besó mientras le decía,

"Encantado de conocerla"

Miró a Nadia y le preguntó,

"Donde tenías escondida a esta bella señorita"

El viento se llevó las cenizas

Sostuvo su mano por un instante mientras miraba sus ojos. Verna se sintió incomoda, retiró la mano y le dijo.

"Mucho gusto en conocerlo."

Nadia lo invitó a que se sentara con ellas. David parecía estar pendiente de cada palabra que Verna decía. Aunque pensó que el joven era atractivo, ella no se sentía cómoda con él. Hubo un momento de silencio, Verna se levantó puso su cartera sobre su hombro y dijo,

"Se está haciendo tarde, tengo que irme."

David ofreció acompañarla, Se disculpó, salió del restaurante, subió en un taxi y se fue a su casa. Al anochecer Nadia la llamó por teléfono, cuando escuchó la voz de su amiga le dijo,

"Verna creo que David se enamoró de ti, me dijo que quiere volver a verte. Lo conozco desde hace mucho tiempo, siempre hemos sido amigos."

Verna se había dado cuenta que el joven se sentido atraído, pero no quería alentar una relación. Casi sin pensarlo le dijo a su amiga,

"No Nadia, no quiero verlo, no estoy interesada en él, sé que es buen mozo, pero no puedo volverlo a ver, no me siento cómoda en su presencia."

Nadia sabía lo que su amiga estaba pasando, le dijo,

"Verna tienes salir de esa caja que tú misma te has encerrado, tienes que abrirte, la vida sigue y David es buen hombre."
"No puedo Nadia, no puedo, quizás con el tiempo podré, pero ahora Martin es quién está constantemente en mi mente.

Mientras tanto Dana comenzó a hacer preparativos para hacer una fiesta para el cumpleaños de su hija. Llamó a Nadia para que le dijera cuales eran los amigos que podían invitar.

"Señora, Verna tiene las amigas de la escuela, además hay un joven que quiere cortejarla. Ella aún tiene en su mente su amor de adolescencia. En el fondo creo que ella se siente atraída por el joven, creo que debe invitarlo."

Todo era secreto en la casa de Verna. Dana quería organizar la fiesta como una sorpresa para ella. Estaba segura que su hija no iba a querer que le hicieran una fiesta de cumpleaños, pero ella quería invitar a todos los amigos; tenía esperanzas que su hija saliera de ese estado de depresión.

Nadia la ayudó para que todos los preparativos fueran secretos, inclusive Dana le pidió que invitara su hija a que durmiera en su casa y estar alejada de las actividades de preparación para la fiesta.

La noche de la fiesta Nadia junto con otras amigas fue a una confitería para festejar el cumpleaños de su miga. Verna nunca sospechó que en su casa la estaban esperando con la sorpresa. Una hora antes de que comenzara la fiesta Nadia. Le dijo,

> "Verna tengo un compromiso, te puedo llevo a tu casa, pero antes quiero a mi casa para buscar el regalo que tengo para ti.

Nadia quería darles tiempo a las amigas para fueran a la casa antes que ella y Verna llegaran. Cuando llegaron todas estaban presente, sus amigas la abrazaron. David se acercó tomó su mano, la puso en su pecho y le dijo,

> "Con todo mi corazón te deseo un feliz cumpleaños, este es tu día y estoy feliz de estar aquí contigo. Me gustaría que esta noche me concedas todas las danzas."

El viento se llevó las cenizas

No sabía qué hacer, se sintió confundida, quería retirar la mano, pero David la retuvo. Se sintió alagada, y le dijo,

"Podemos bailar cuando usted quiera, pero la primera pieza la quiero bailar con mi padre."

Caminó apresuradamente hasta donde estaban sus padres, cuando estuvo cerca los abrazó y les dijo,

"Gracias por todo lo que ustedes están haciendo por me."

Miró a su madre como si le estuviera diciendo, necesito tu ayuda.

Dana comprendió lo que estaba pasando por su mente, tomó la mano de su hija y juntas caminaron hacia el dormitorio. Antes de que se alejaran, Anastasio le dijo,

"Hija me debes esta danza, quiero bailarla contigo."
"Si Papá, vamos, tomó la mano de su padre y juntos fueron donde había otras parejas bailando."

Mientras Anastasio estaba bailando con su hija, David se acercó y pidió permiso para bailar con la joven.

El viento se llevó las cenizas

Mientras bailaban le dijo en vos suave,

> "Verna estoy enamorando de ti, dejame
> hablar con tu padre, quiero pedirle permiso
> para cortejarte; desde el día que te conocí
> no he dejado de pensar en ti."

Verna bajó la cabeza, no sabía que decir, se
sentía perturbada. Por un lado, tenía en su
mente el recuerdo de Martin, aunque él había
desaparecido de su vida, él era el pasado, que
parecía tan distante, por el otro lado David
estaba frente de ella diciéndole cuan
enamorado estaba y le estaba ofreciendo un
futuro. Lo único que pudo decir,

> "No sé, estoy confundida, apenas nos
> conocemos, necesito tiempo."

Continuaron bailando hasta que los compases
des vals terminaron. David tomó su mano y
juntos caminaron hacia la terraza. La noche
era clara, la luna iluminaba los árboles, las
flores del jardín estaban obscurecidas, no
obstante, la fragancia que emanaba creaban
un ambiente romántico. Le dijo,

> "Sé que apenas nos conocemos es por eso
> que quiero pedirle permiso a tu padre para
> cortejarte, deseo que estemos juntos,
> deseo que nos conozcamos y deseo que
> un día nos amemos."

El viento se llevó las cenizas

Verna quería decirle que en su corazón había otro hombre y que ella nunca podría amarlo, pero se contuvo porque quería ir una vez más a la casa de Martin y hablar con Clara. Le dijo,

David no hables con mi padre, dame tiempo. Ahora estoy tratando encontrarme a mí misma; dame tiempo, yo misma me voy a acercar a ti cuando todo se aclare en mi vida. Tengo que resolver mi situación por mí misma.

David comprendió que ella debería tener algún dilema. Pensó que ella estaría enamorada de otro hombre, en realidad no sabía que pensar, estaba desconcertado, solo le pudo decir.

"Verna, esperare todo el tiempo que sea necesario porque estoy enamorado de ti."
"David ahora quiero estar sola.

Se fue caminando hacia su habitación. Dana vio que su hija se había separado de David y fue caminando hacia su habitación. Tomó la mano de Anastasio y le dijo,

"Anastasio, Verna fue a su habitación, voy por ella, estoy segura que me necesita."

Entró en el cuarto sin anunciarse porque estaba segura que su hija quería estar sola con ella. La vio recostada en la cama, sus manos cubrían su rostro. Dana le preguntó.

"¿Qué te pasa hija?"

Se sentó en la cama, abrazó a su madre, y le dijo con su voz distorsionado por la pena que estaba sintiendo,

> "Mamá, David el joven que estaba bailando conmigo dijo que quiere hablar con Papá para pedirle permiso para cortejarme. Mama no sé qué hacer, No sé nada de Martin. Hablé con Clara, su hermana adoptiva; ella tampoco sabe nada de él. Le pedí que le escribiera, le di mi dirección, pero él nunca me escribió, tengo miedo, creo que él no me ama más.

Dana escuchaba a su hija, quería ayudarla, pero no sabía cómo. Estaba segura que Martin, estaba buscando a la madre y posiblemente pensó que Verna lo había olvidado. Lo único que podía hacer era acompañarla a la casa de Clara, aunque no se sintió muy optimista. Le dijo,

> "Hija te puedo acompañar a la casa de Clara, ella podría haber recibido alguna noticia de Martin. No puedes seguir torturándote así. Mañana temprano, si tú quieres podemos ir a Ruse para verla.

Durante la noche nos podemos quedar en la hacienda."

Dos días después, Dana and Verna partieron para Ruse para ir a ver a su hermana adoptiva. Clara les dijo que no había tenido noticias de Martin y que estaba preocupada, porque temía que algo malo le hubiera pasado.

Verna, estaba triste, pero ya había tomado una decisión. Su postura cambio ahora estaba se sentía fuerte. Con voz firme le dijo a su madre,

"Mamá estoy pensando que a Martin podría haberle pasado algo, puede ser que él se ha olvidado de mí. Tengo que comenzar a pensar en mi futuro.

Le voy a decir a David que puede pedirle permiso a Papa para cortejarme, quiero ser su novia. Podemos ir directamente a Sofía quiero estar en mi casa y quiero hablar con Nadia"

Dana se alegró que su hija había optado en aceptar a David. Ella sabía que David era el hijo de una familia que vivía en Sofía. Su padre era comerciante y tenía una buena posición. David había estudiado agricultura en España. Regresó a Sofía después de graduarse como ingeniero agrónomo. Era alto y buen mozo. Le dijo,

Me alegro que hayas decidido aceptar al joven que te estaba cortejando, estoy segura que tu padre se va a poner contento. Él estaba muy preocupado.

Pasaron varios meses, Verna y David pasaban mucho tiempo juntos, pero ella aun recordaba a Martin y consideraba a David solamente como un amigo.

El fue atento, con ella y con sus padres, siempre estaba de buen humor. La hizo sentir como si ella era para la única mujer en el mundo. Toda ocasión era especial para traele flores. La afección por la joven crecía, siempre pensó que eran solamente amigos a pesar que él siempre le decía que ella era su único amor y quería estar con ella todos los días de su vida.

Una mañana Verna se despertó temprano se acercó a la ventana abrió las cortinas, los rayos de sol penetraron en la habitación, respiró profundamente, cerró los ojos e imaginó que estaba en los brazos de David. Fue como una revelación; salió corriendo de la habitación gritando de alegría buscó a su madre, cuando la encontró la abrazó y le dijo

"Mama estoy enamorada, quiero ver a David, lo quiero abrazar, quiero decirle que lo amo, quiero ser su esposa."

Ambas se abrazaron, y Dana susurrando le dijo;

"Verna, llenas mi vida con felicidad de saber que vuelves a estar enamorada."

Más tarde se encontró con Nadia, estaba rebosando de felicidad. Como siempre, se encontraron en un café. Cuando se encontraron, ambas se abrazaron, Verna le dijo con voz suave,

"Esta mañana cuando abrí la ventana de mi cuarto los rayos de sol me iluminaron y sentimientos de alegría y felicidad llenaron mi corazón, en ese momento supe que estaba enamorada. Quiero ver a David y quiero expresarle mi amor.

Nadia tomó las manos de su amiga y con excitación, casi llorando de alegría le dijo.

"Verna estoy contenta, por vos y Daniel. Sé que él estaba esperando una señal de ti."

Esa noche Daniel escuchó lo que tanto había esperado. Nadia, sin decirle que su amiga estaba lo esperando, le dijo,

"David tienes que ir a ver a Verna, hoy la vi distinta, estaba feliz. Tengo la impresión que algo le esta pasando y pienso que tu tienes algo ver con su alegria."

Sin perder tiempo, David llamó a Verna, cuando ella atendio el teléfono y escuchó su voz, se emocionó y casi temblando le dijo,

"Tengo que hablar contigo, podríamos encontranos esta noche, tengo algo muy importantante para decirte."

David, despues de su conversación con Nadia y el tono de voz de Verna, no podía esperar, queria verla inmediatamente, le dijo,

"Quiero verte ahora, yo también tengo algo muy importante para hablar contigo. Voy a tu casa inmediatamente."

Verna queria estar sola con él, buscó a su madre. La encontró en la cocina. Cuando la vio le dijo,

"Mamá ahora mismo Daniel viene a visitarme, quiero estar sola con él y no quiero nadie nos interrumpan. Tenemos mucho que hablar."
"Hija puedes ir a tu dormitorio, tanto tu padre como yo no te vamos a molestar."

David no tardó mucho en llegar a la casa. Inmediatamente fueron al cuarto de Verna. Ella cerró la puerta, se acercó, lo abrazó, cerró sus ojos y lo besó. El la miró sorprendido, no obstante, la tomó de la cintura la apretó contra su cuerpo. Verna le dijo,

"Cuando me hablasteis de amor el día de mi cumpleaños, te dije, que el dia que sienta sentimientos por ti te lo iba a decir. Esta mañana sentí la necesaidad de estar en tus brazos y decirte que te amo."

David estaba contento, se sentaron en la cama, tomó su mano y le dijo,

"Te amé desde el primer día que te vi en el café con tu amiga Nadia. Hoy después de tantos meses de espera mi sueño se cumplió, y ahora más que nunca quiero que seas mi esposa. Si me permites mañana voy a pedirle tu mano a tus padres."

Verna volvió a abrazarlo, lo besó apasionadamente, y le dijo,

"Si puedes hablar con mis padres, y quiero que fijemos nuestra fecha de casamiento lo más pronto posible."

David tomó las manos de Verna y las retuvo entre las suyas y le dijo.

"Verna, hace un tiempo que estoy pensando en mi futuro y ahora nuestro futuro. Quiero ir a vivir en Argentina. Es un país grande y con muchos recursos naturales; hay mucho para hacer, especialmente en mi profesión."

Verna no sabía que pensar, estaba en frente al hombre que amaba, pero sintió aprehensión por lo que le estaba proponiendo, porque lo que le proponía significaba alejarse de todo lo que ella quería, alejarse de sus padres, de sus amigos y del lugar donde había crecido. Estaba en una encrucijada y tenía miedo, además, pensó que Martin estaba en Argentina, por un momento se sintió contundida. David notó su indecisión y le dijo,

"Verna comprendo que lo que te estoy proponiendo te puede despertar temores, pero Argentina, es un país donde podemos progresar, hay mucho que hacer y nosotros podemos ser felices. Después que nos casemos, puedo ir solo, y encontrar nuestro nido. Estoy seguro que muy pronto estaremos juntos y vamos a ser felices, vamos a tener hijos y ellos podrán tener una calidad de vida mejor que la nuestra.

Verna escuchaba lo que había comenzado por un momento feliz, se estaba transformando en un dilema. Respiró profundamente y le dijo,

"Dame tiempo, quiero pensarlo, se que te amo y quiero estar contigo, pero tengo miedo, tengo que saber un poco mas del lugar donde quieres ir. Mañana voy a ir a la Embajada Argentina para averiguar."

Al dia siguiente Verna fue con Nadia a la embajada. Le dieron información de las bellezas naturales, de la ciudad de Buenos Aires. Además, le dijeron que Rosario, una de las ciudades más progresivas del interior. Cuando salió le dijo su amiga;

"No tenia idea de la existencia de las Cataratas de Iguazú o de los glaciares del sud, en la Patagonia, también estoy impresionada por la cultura que existe en la ciudad de Buenos Aires."

Nadia también estaba impresionada de lo que escuchó acerca del tango argentino. Estaba fascinada cuando le hablaron de esa danza y del cantor Carlos Gardel. Le dijo a su amiga,

"Verna si fuera yo, aceptaría ir a Argentina, va a ser una nueva vida para. Me gusta porque es un país pacífico."

Verna estaba viviendo en su propio mundo; estaba enamorada y tenía en sus manos la alternativa de vivir una nueva vida en un país alejado de conflictos y de vivir con el hombre que amaba. Pensó que era una situación ideal. Esa tarde cuando vio a David le dijo,

"David hoy fui a la Embajada de Argentina, me dieron mucha información del país. Me entusiasme por todo lo que me dijeron. Mi amor, quiero que comencemos nuestras vidas en ese país tan bello.

David se emocionó por creyó que era lo mejor que le podía haber pasado, tomo su mano y le dijo,

Ahora mismo quiero hablar con tu padre para pedirme tu mano y además quiero fijar la fecha de nuestro casamiento. También quiero hacer planes para viajar a Argentina.

Como había programado dos semanas después de su casamiento David inició su viaje a Argentina. Verna se quedó viviendo en la casa de sus padres.

Cuando llegó a Argentina fue directamente a Rosario y fue a vivir en la casa de su Radco.

Antes de partir de Sofía, Anastasio le dio dinero para que pudiera establecerse en Argentina. Los primeros días tuvo dificultades porque no hablaba español; Radco lo ayudó a conseguir trabajo como peón en una compañía de construcción.

El viento se llevó las cenizas

Pocos días después de su llegada a Rosario, Radco lo llevó a un burdel, donde conoció a Pietro, además conoció a Mabel, una de las cortesanas. Esa noche fue una noche de placer, además fue al casino donde ganó suficiente dinero para pagarle a Mabel por la noche de placer que ambos tuvieron.

La suerte que tuvo esa noche nunca más se repitió. Perdió dinero hasta que prácticamente se quedó sin nada. Pietro le presento otras cortesanas. En muy poco tiempo David comenzó a ser conocido por vivir intensamente con sus placeres. Comenzó a beber bebidas fuertes, parecía que se había olvidado de su esposa.

Durante una de esas reuniones con Pietro, David habló de Verna, su esposa y le enseñó un retrato de ella. Pietro le dijo;

> "Es una mujer muy hermosa, aquí ella seria sensacional, todos los hombres la codiciarían; tendrías que mandarla a llamar."

David se sintió alagado, aunque nunca se imaginó que Pietro podía tener motivos ulteriores. Habían pasado seis meses, a pesar de ya podía comunicarse en español, seguía trabajando como peón. Una noche perdió mucho dinero jugando en el casino. Pietro le ofreció crédito. Continúo jugando y teniendo placeres con mujeres, el dinero que ganaba trabajando no le alcanzaba para pagar la deuda; siguió endeudándose complaciendo sus placeres.

Pietro sabía que él no podía pagarle, comenzó a presionarlo, inclusive lo amenazó. David no sabía qué hacer. Su amigo Ratco no podía aceptar el tipo de vida que David estaba llevando porque estaba afectando su propia vida. Poco a poco se alejó de él.

Eso fue lo que Pietro estaba esperando, junto con uno de sus compinches, un día fueron a verlo. David sabía que ambos iban a reclamarle el dinero que le debía. Le dieron un plazo de 24 horas para que pagara la deuda. Lo amenazaron y el hombre que había acompañado a Pietro le dio una trepada en el estómago. David pidió que le dieran tiempo para pedirle dinero a su suegro. Lo miraron con desprecio y Pietro le dijo.

"No me interesa tu dinero lo que me interesa es tu mujer. Quiero que venga y cuando ella esté aquí va a ser una cortesana, una esclava. Nos olvidaremos de la deuda y te vamos a dar dinero para el pasaje de ella y para que te vayas de esta ciudad. Otra advertencia no vas a poder venir aquí y no vas a tener más mujeres en este lugar. Escribe una carta a tu esposa. En la carta la tienes que escribir de tal manera que ella se no negará viajar. Todo esta en tus manos, si ella no viene vas a tener que pagarnos con tu vida.

David estaba en frente a un hombre que lo estaba amenazando, estaba nervioso y con voz temblorosa, le dijo,

"Hoy mismo le voy a escribir."
"Se que no tienes donde vivir, te puedes quedar en el hotel hasta que tu esposa llegue. El dia que ella llega, tú te vas y ella se queda. Vas a desaparecer de su vida.

"David sabia que su única salvación es que Verna viaje a Argentina lo mas pronto posible; inmediatamente despues que tuvo la conversación con Pietro, comenzó a escribir la carta para llamarla,

Querida Esposa;
Cada día que pasa siento más la necesidad de tenerte junto a mí. Los días sin ti son eternos. Te agradezco tu paciencia y de que aceptasteis esperar hasta que te pudiera traer. Todo va a cambiar, pronto estaremos juntos.

Hoy se cumplió mi sueño, nuestro sueño. Mañana comienzo a trabajar como ingeniero agrónomo en una compañía de origen alemán.

El viento se llevó las cenizas

Voy a trabajar en la oficina que tienen en Rosario. Posiblemente voy a tener que viajar a muchos lugares del interior y conocer algunas de las maravillas naturales de este país, tu podrías acompañarme.

Como todo anda bien hoy mismo alquilé una casa cerca de la oficina donde voy a trabajar, además tiene vista al rio Parana, allí es donde nuestros hijos van crecer. Aquí te voy a estar esperando tu llegada.

Estoy seguro que vas a gozar del clima, aquí casi no hay invierno y la temperatura es moderada. Tengo muchas cosas que contarte, pero prefiero esperar hasta que llegues.

Mi amor lo único que tengo en mi mente es el momento que bajes del avión, y te tenga en mis brazos,

Tu devoto marido

David

Pasaron dos semanas, David no fue más al prostíbulo. Estaba viviendo en una de las habitaciónes de la servidumbre del hotel, la habitación era pequeña, las paredes tenían marcas de mosquitos que fueron aplastados, además, tenía marcas de humedad. Tenía una ventana pequeña con vista a la entrada de los camiones que recogían la basura. En los momentos que estaba sobrio pensaba como habia llegado a ese estado de degradación.

Pietro entró en la cuarto, tenia una hoja de papel en la mano, se acercó y le dijo,

"Este telegrama llegó esta mañana. Tu esposa te anuncia cuando llega al puerto de Buenos Aires. Tú la vas a esperar y la traes a Rosario. Van a pasar la noche juntos en uno de los dormitorios del hotel y al día siguiente vas a desaparecer de su vida."

David leyó el telegrama, bajo la vista y no dijo nada. Cuando Pietro se fue, se sentó en la cama, tomó la cabeza entre sus manos y comenzó a llorar.

Capítulo 19 – Los amantes se encuentran

El viento se llevó las cenizas, y con las cenizas se llevó nuestro pasado.

Martin pensó que había encontrado a su madre, después de tantos años de búsqueda. Estaba impaciente, quería estar con ella, quería abrazarla, pero también quería saber cómo podía estar seguro de que era su madre, pensó que podía haber sido una ilusión. Notó como Isabel reaccionó cuando lo vio. Era distinta a la mujer que sus abuelos había descripto, aunque comprendió que habían pasado 25 años. Quería estar seguro que esa mujer, la madame del prostíbulo, era su madre. Todo se aclaró esa misma noche.

Durante todo el día estaba tenso, no había visto a su amigo Antonio, él estaba ocupado con Rita. Muchas veces se encontró hablando solo porque todo el tiempo estaba pensado en la mujer que sería su madre, y que es lo que él le iba a decir cuando estaba seguro que Isabel era su madre. Estaba seguro que ella nunca lo había abandonado, él sabía que si ella estaba en el prostíbulo fue porque algo muy erróneo le tenía que haber ocurrido. Xe imaginó que cuando mataron a Bernardo posiblemente la deben haber raptado y después la vendieron como esclava.

Antes de anochecer, Zhora había entretenido a un hombre, que se había abusado de ella, tenía un moretón en un ojo. Zhora salió del cuarto de huéspedes, estaba furiosa, mientras caminaba hacia su dormitorio decía,

> "Estoy cansada de este infierno, ya no puedo vivir más aquí, tengo que hacer algo."

Verna entró en la habitación de Zhora, vio cuando que sacó un revólver de una caja que tenía guardada en el armario, trató de apaciguarla, pero Zora le dijo,

> "Estoy cansada de este infierno, hoy todo esto se termina, no tolero más esta situación, odio a Pietro, ese miserable hombre es un maldito canalla."

Verna se alarmó, pensó lo peor, pensó que su amiga se quitaría la vida. Le dijo,

> "Zhora por favor no hagas una locura, tienes una vida por delante y un día saldremos de este calvario."

Zhora la miró sorprendida y le dijo,

"No Verna no te preocupes, no me voy a matar, tengo que pensar lo que voy a hacer; el revolver tiene una sola bala. Anda a la sala y dejame sola."

Verna sabía que no podía quedarse mucho tiempo con ella porque tenía que ir a la habitación donde iba a estar con el amor de su juventud, esperaba que Martin iba a llegar de un momento a otro.

Era casi el anochecer cuando Martin legó al burdel. Tuvo la impresión que Isabel lo estaba esperando. Cuando la vio, trató de imaginarse como era cuando era joven, se acercó mirándola a los ojos. Isabel quería gritar. Eres mi hijo, abrázame". Pero tuvo miedo, Pierre estaba cerca, se acercó, tomó su mano y le dijo.

"Seguime hijo, te voy presentar a Ana la mujer más bella de la casa."

Verna estaba nerviosa porque estaba esperando con ansiedad que Martin entrara en la habitación, constantemente miraba la puerta. No sabía si él aun la amaba. Estaba segura que Clara le habría escrito que ella se había casado.

El viento se llevó las cenizas

Martin entró en la habitación, Verna estaba sentada en el borde de la cama, Isabel la llamó por su nombre cuando dijo.

"Verna este es el joven del que te hablé anoche."

Verna, se dio vuelta, cuando Martin se dio cuenta que esa joven era su amor de adolescente, se arrodillo y le dijo,

"Mi Verna no puede creer que te encontré, pasaron tantos años. Siempre te he amado."

Verna llorando se acercó a él lo tomó en sus brazos, lo besó apasionadamente. Isabel salió de la habitación ya no tenía más dudas; era su hijo. Permanecieron abrazos por mucho tiempo era como si quisieran recuperar todo el tiempo que habían perdido. Se acostaron en la cama y se amaron. Verna le dijo,

"Te busqué por muchos años, tuve la desgracia de conocer a un malandrín, que me trajo aquí. Isabel me protegió. Sabía que estabas en Argentina, pero no sabía cómo encontrarte. Por favor sácame de este lugar. "

"Si, mi amor esta misma noche nos vamos de este lugar, mi madre vendrá con nosotros."

Verna, estaba emocionada, pero sabía que temía que hablar con él de su madre, le dijo.

"Martin ahora quiero hablarte de Pavla, tu madre. Me dijo que en tu hombro tienes una pequeña marca de nacimiento, ella cree que sos su hijo. Sé que desde que saliste de Bulgaria, tenías la meta de encontrarla, ella está aquí con nosotros."

Verna le confirmó lo que él había estado pensando todo el día. Ahora quería ir a ver a su madre. Se vistió rápidamente. Cuando salió de la habitación escuchó a una de las cortesanas gritar.

"Fuego, fuego la casa se está quemando."

Todas las cortesanas con su acompañante salieron de sus cuartos. Mientras corrían hacia la salida escucharon el disparo de un revolver. Verna pensó en Zhora, pero continuaron hacia la puerta de entrada y preguntó,

"¿Dónde está Zhora?"

Grito llamándola, Martin le dijo,

"Salí del edificio, voy a buscar a Zhora."

Corrió por el pasillo hasta que llegó a la habitación donde estaba Zhora, tenía el vestido en llamas, Martin tomó una cobija de la cama y la cubrió. Zhora estaba histérica, gritaba,

"Lo maté, lo maté ya no soy más una esclava, soy libre de ese maldito y de este maldito lugar."

Martin corrió hacia la salida con Zhora en sus brazos, uno de los clientes se acercó y la tomó en sus brazos y dijo.

"La voy a llevar al hospital"

Martin estaba preocupado por los perros, pero ellos conocían a Pavla y estaban sujetados.

Se acercó donde estaba su madre, ambos se abrazaron y le dijo,

"Mamá, finalmente te encontré."

Pavla ya no era más Isabel, todo su pasado quedó dentro del edificio y se quemaron con él, ahora ya no tenía más el dolorosa pasado, solo tenía el presente con su hijo.

El viento se llevó las cenizas

Pasaron varias horas, los tres se quedaron parados viendo como el fuego consumía el prostíbulo. Durante las primeras horas del amanecer un viento fuerte comenzó a levantar las cenizas. Verna dijo,

> "Mira Martin el viento se llevó las cenizas y con las cenizas se llevó nuestro pasado y el prostíbulo."

Martin miró a Verna la abrazo y le dijo,

> "Si mi amor, y con las cenizas el viento se llevó nuestro pasado, ahora podremos comenzar a vivir el presente y hacer planes para el futuro."

Pavla se separó de ellos y vio como la pareja se alejaba, con una sonrisa dijo,

> "Soy feliz, ahora puedo pensar en mi futuro, voy a buscar a Albert y a mis padres."

Los Caracteres de la novela

Capítulo 1
Verna -   La joven búlgara, en el prostíbulo
la llamaron Ana
David -   Esposo de Verna
Isabel -   La madama del prostituto, era
también Pavla.

Capítulo 2
Santiago -   Dueño del hotel
Raúl   -   Portero del hotel

Capítulo 3
Rita -   Cortesana
Zhora -   Cortesana
Antonio -   Cliente
Manuel -   Cliente

Capítulo 4

Martin -   Hijo de Pavla
Pietro -   Dueño del prostíbulo

Capítulo 5
Kavi -   Gitano que albergox a Pavla
Sounya -   Esposa de Kavi
Rudolf -   Amigo de Kavi
Dimitri Estimof -   Padre de Pavla

Capítulo 6

| Alina Estimova - | Madre de Pavla |
| Bernardo- | Admirador de Pavla |

Capítulo 7

Iván -	Bandido
Pietro -	Dueño del prostíbulo
Matilde -	Patrona de las cortesanas
Eliza -	Cortesana
Manon -	Cortesana
Inés -	Cortesana
Alicia -	Cortesana

Capítulo 8

| Sarah - | Amiga de la madre de Pavla. |

Capítulo 9

| Joseph - | Hermano de Pietro |
| Irene - | Madame del prostíbulo |

Capítulo 10 –

| Antonio - | Amigo de Martin y amante de Rita |

Capítulo 11

Wesh –	Gitano amigo de Kavi
Dika -	Gitana que le dio de mamar a Martin después que Pavla desapareció.
Bladimir -	Padre adoptivo de Martin
Verónica -	Madre adoptiva de Martin
Clara -	Hija de Verónica

Boris -   Esposo de Clara

Capítulo 12

Atanas -   Capataz de la hacienda

Capítulo 13
Nadia -   Amiga de Verna

Capítulo 14
Adelina -   Compañera de viaje
Antonio -   Hermano de Adelina

Capítulo 15
Albert –   Padre de Martin

Capítulo 16
Antonia -   Madre de Albert

Capítulo 17
Anastasio - Padre de Verna
Dana -   Madre de Verna

Capítulo 18
Radco -   Amigo de David

Acerca del Autor

De todos los recuerdos que tengo de cuando era un niño el que más tengo presente es que siempre decía que quería construir puentes. Estoy seguro que no sabía lo que era un puente y tampoco sé de donde saqué esa idea. En la ciudad donde vivía no había puentes. Crecí dibujando líneas que cruzaban ríos y a medida que me hacía mayor las líneas se transformaron en pequeñas cajas que representaban los puentes que tenía en mi imaginación.

Persiguiendo los sueños de mi niñez, me recibí de ingeniero civil, porque tenía en mente que los ingenieros construían puentes.

Años después de graduarme de ingeniero civil, la compañía donde trabajaba me envió a Benín, un país del este africano. El propósito del viaje era construir un puente sobre la laguna de Cotonou. Al mismo tiempo que estaba trabajando comenzaron a surgir idea en mi mente de otras metas; quería construir puentes de comunicación y entendimientos entre humanos.

En ese lugar donde estaba rodeado de un mundo que no conocía y con costumbres que no era familiar, todo lo que experimentaba me hacía pensar sobre las diferencias entre el medio ambiente en que siempre vivía y el que estaba en viviendo en ese momento, me sentí fuera de lugar, pero pronto muy pronto comencé a sentir cambios en mi personalidad. Comencé a darme cuenta de los cambios que estaban ocurriendo el día que me distraje de mi tarea para darle pedacito de chocolate a una niña nativa. Supe que me estaba agradecida porque sonrió; también comprendí que esa sonrisa era el único agradecimiento que me podía dar. En ese instante supe que nos pudimos comunicar y ese momento quedó gravado en mi mente para siempre.

Lo que estaba construyendo era una estructura que iba a permitir el desplazamiento fácil de un lado de un lado a otro lado de la ruta, Pero deseaba más que eso. Estaba en un lugar donde la civilización de la manera como la conocía no existía. En ese lugar adquirí experiencias que nunca me hubiera imaginado que algún día las iba a vivir. En ese lugar vi uno de los niveles de pobreza más bajos que había visto en mi vida, entendí el significado de la palabra contraste cuando vi a niños que tenían sus cuerpos deformados por la falta de alimentación adecuada, Comprendí que el valor de una sonrisa puede tener más valor que dar las gracias sin sentir emociones. Agradezco la nobleza humana que encontré cuando estaba solo en un lugar solitario y necesitaba ayuda.

Esos fueron los momentos cuando comencé a comprender a que quería construir otro tipo de puente. Me llevó mucho tiempo antes que mi vida comenzara a cambiar. Quería construir puentes que unieran a los seres humanos y me ayudara a comprender el significado de mi vida. En ocasiones trabajé en lugares donde las condiciones de vida eran seberas con el propósito de comprender la vida de nativos.

A través de los años asimismo que quería seguir trabajando para cumplir mis sueños y metas, pero hubo momentos que no podía continuar porque me estaba envejeciendo, entonces empecé a comprender el significado de la palabra "no". Comenzó cuando empecé a perder la flexibilidad y fortaleza de mi cuerpo y mucho más drástico fue cuando sentí que ya no tenía la misma agilidad mental de mi juventud, pero resistí decir **no** a mis sueños y goles. Quería continuar con mi jornada en la vida, pero no sabía qué hacer, estaba trabajando cada día menos en mi profesión, traté de buscar nuevas maneras para seguir con mis sueños hasta que la encontré en mis escrituras, especialmente cuando escribí sobre algunas de las experiencias de mi vida.

Durante primeros años de mi adolescencia muchas personas de una manera o de otra me dieron consejos sobre la que tengo que hacer con mi vida. Algunos consejos fueron escritos y algunos fueron dados personalmente; solamente dos de ellos permanecieron para siempre en mi mente.

El primer consejo que me dieron fue cuando estaba en el último año de mi escuela secundaria por uno de los profesores. Él estaba más interesado en darnos consejos sobre nuestro futuro como si fuéramos adultos que enseñarnos la materia que tenía que dictar,

Recuerdo que todos estábamos felices porque no teníamos que estudiar. Solo teníamos que escuchar sus comentarios y sus consejos sobre nuestro futuro como adultos. Nos dio muchos consejos, pero uno de sus consejos quedó grabado en mi mente fue cuando nos dijo:

> "La mejor profesión del hombre es ser hombre con H mayúscula."

No entendí lo que quería decir, posiblemente no lo hubiera comprendido porque no pensé que sus palabras eran importantes y sobre todo no tenía ningún lugar en mi vida de adolescente, porque solamente pensaba en mi presente.

El otro consejo me lo dio Don Elías, mi peluquero. Él era de nacionalidad polaca, era un sobreviviente de la segunda guerra mundial. Él fue una de las víctimas de los campos de concentración, pero era un hombre con mucho conocimiento debido a su sufrimiento y su ávida adicción a los libros de literatura clásica.

El día que me enteré de que fui aceptado en la Universidad de Buenos Aires, me alegré, pensé que el mundo era mío, corrí a mi casa tan rápido como pude porque quería decirles a mis padres y mis amigos acerca de mi aceptación en la escuela de ingeniería. Quería difundir la noticia. Don Elías, me felicitó y me dijo;

> Mito la aceptación a la Universidad es sólo el primer paso, sé que te recibirás de ingeniero, espero que después de tu graduación usaras tu profesión para el beneficio de la humanidad.

Ese día empecé a comprender lo que mi profesor de la escuela secundaria nos dijo cuando él estaba hablando de nuestra hombría. Pero una mejor comprensión llegó a mi vida muchos años más tarde cuando comencé a trabajar en lugares donde la gente era extremadamente pobre, y pude ver el contraste debido al egoísmo de las personas de niveles económicos más altos. Empecé a comprender que la necesidad de la gente era más importante que construir una estructura sofisticada para satisfacer la vanidad humana.

Ese fue el momento cuando comencé una nueva carrera, aunque en mi trabajo usaba mi capacidad técnica comencé a encaminar mis esfuerzos para a mejorar la calidad de vida del entorno donde trabajaba. Prefería a construir un hospital en lugar de un hotel de lujo, prefería construir una escuela que construir una pista de hielo para patinar en un país subdesarrollado, preferí construir un relleno sanitario que de construir un elefante blanco en el medio de un desierto.

Estoy agradecido que comprendí cuanto significó en mi vida esos consejos.

Otros libros de Mito Bessalel

Amelie's Drama

El Drama de Amelie

My Memories my Treasures

Tino is more than a bark

Tino es más que un ladrido

Tino wants to tango

Tino quiere bailar el tango

Tino finds happiness

Tino encuentra felicidad

Tino el detective

Abuelo thank you

The boy with raged pants

Can we afford to buy it?

Stocks growth, stability, and Risks

Stocks options call

El viento se llevó las cenizas

Esta es mi vida

Antologías

- We remember…we create…we write…
- Creatures we love

El viento se llevó las cenizas

Estimado Lector,

Si le ha gustado a "El viento se llevó las cenizas" me gustaría que dejara su comentario sobre el libro en Amazon para que otros lectores puedan ver sus pensamientos sobre el libro antes de comprarlo. Su comentario puede ayudar a futuros lectores para interesarse en la dramática vida de Pavla y Verna.

Gracias

Mito Bessalel
Bessalel@msn.com